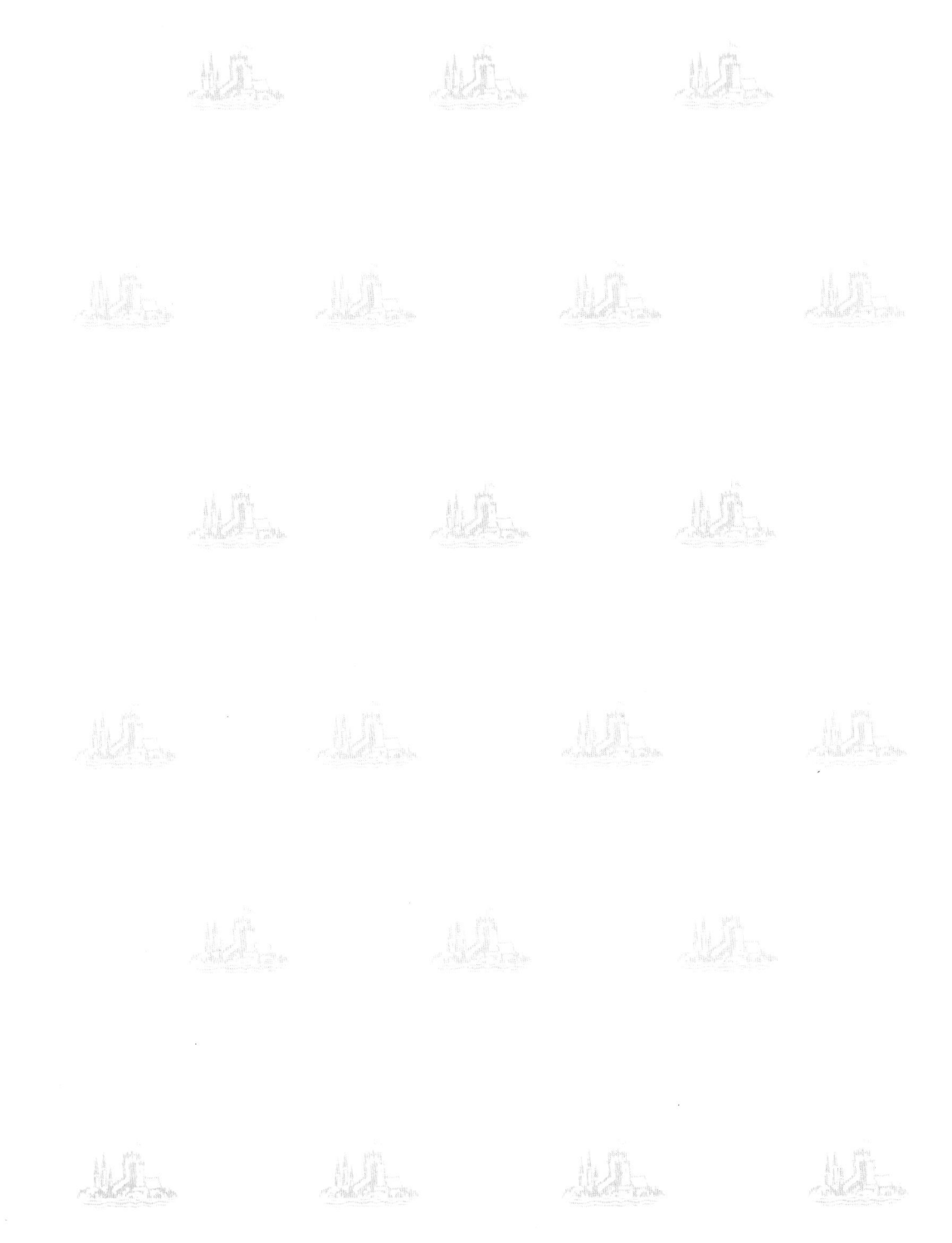

Typisch
Schwäbisch

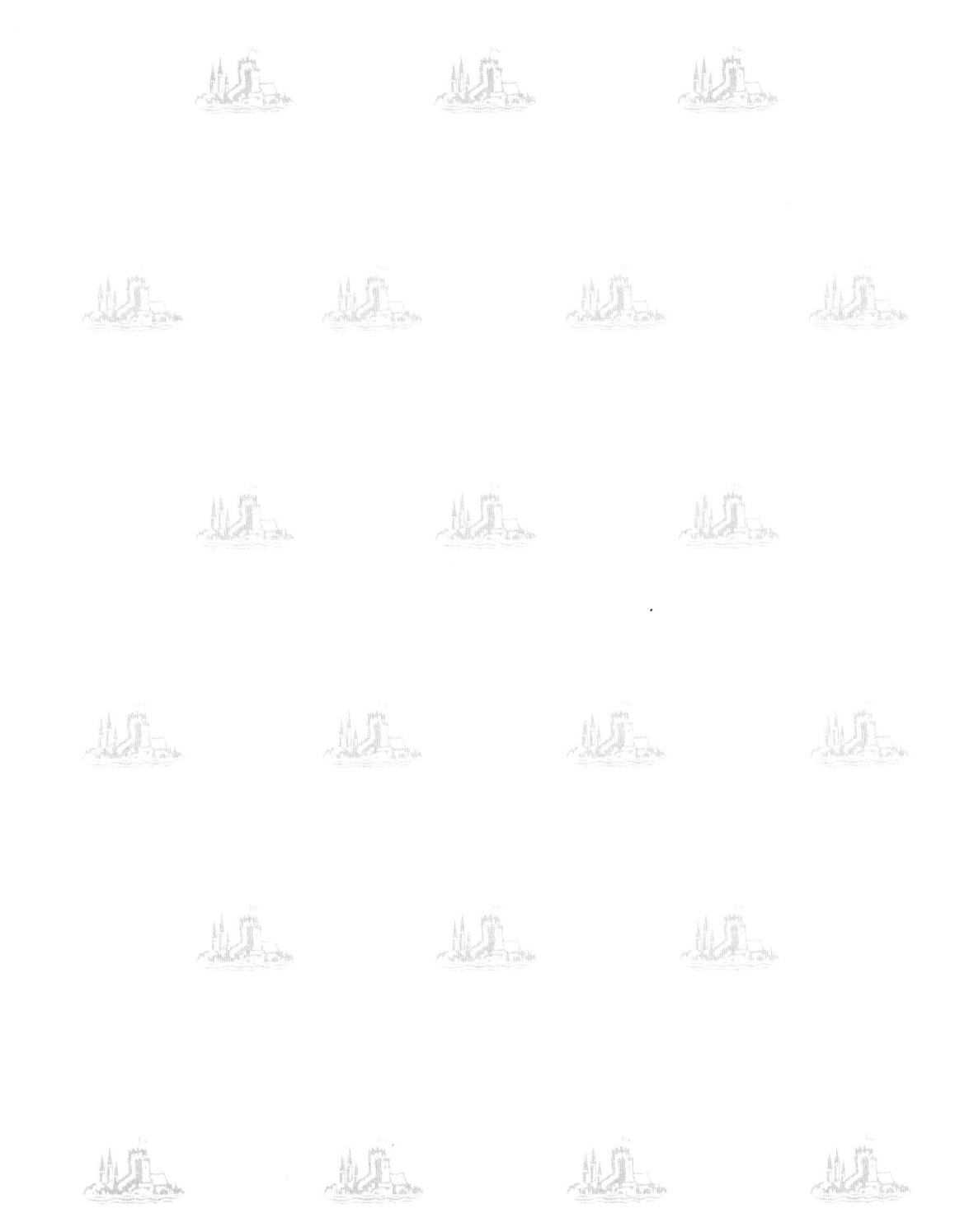

Heinz-Eugen Schramm

Typisch
Schwäbisch

FLECHSIG TYPISCH

Umwelthinweis:
Dieses Buch und der Umschlag wurden auf chlorfrei gebleichtem Papier gedruckt.
Die Einschrumpffolie – zum Schutz vor Verschmutzung –
ist aus umweltverträglichem und recyclingfähigem PE-Material.

Trotz intensiver Bemühungen war es nicht möglich,
alle Rechteinhaber zu ermitteln.
Wir bitten diese sich an den Verlag zu wenden.

Sonderausgabe für Flechsig-Buchvertrieb
Genehmigte Lizenzausgabe für Verlagshaus Würzburg GmbH & Co. KG, Würzburg
© Stürtz Verlag GmbH, Würzburg
Originalausgabe: Weidlich Verlag, Würzburg
Printed in Spain 2001
ISBN 3 – 88189 – 410 – 1

Inhaltsverzeichnis

Gibt es den typischen Schwaben?

Einführung

Ein Buchtitel verpflichtet! — Wer sich als Autor oder Herausgeber darauf einläßt, ist selber schuld, wenn er sich nach eingehender Beschäftigung mit dem Thema notgedrungen selbst widerlegen muß.

Man kann es natürlich auch bequemer haben, indem man solches Widerlegen anderen überläßt. Zeitungsausschnitte sind da immer gut, auch wenn sie schon etwas älteren Datums sind. Und so sei hier ein einschlägiger Bericht vom 14. Oktober 1965 aus der »SÜDWEST PRESSE« zitiert:

Landeskundler korrigiert weitverbreitete Meinungen

Gibt es das überhaupt, das »typisch Schwäbische«? Diese Frage stellte Professor *Dr. Decker-Hauff,* Direktor des Instituts für geschichtliche Landeskunde an der Universität Tübingen, in einem Referat »Vom Wesen des Schwäbischen in Kultur und Politik« in Stuttgart vor der Schwäbischen Gesellschaft. Drei führende Schwaben — der Präsident des Bundesverfassungsgerichts, *Dr. Gebhard Müller,* Ministerpräsident *Dr. Kurt Georg Kiesinger* und Altministerpräsident *Dr. Reinhold Maier* — verfolgten zusammen mit den zahlreichen anderen Gästen die Enthüllungen über »typisch Schwäbisches«, das es gar nicht gibt.

Wenn jemand die Absicht hätte, einen Katalog typisch schwäbischer Eigenschaften aufzustellen, so käme er leicht in Verlegenheit, meinte Professor Dr. Decker-Hauff. Im 11. Jahrhundert habe man den Schwaben nachgesagt, sie seien ausschweifend. Für das 16. Jahrhundert treffe das aber schon nicht mehr zu. In der Cambridger Liedersammlung würden die Schwaben als listig bezeichnet. Die Frage, ob der Schwabe des 12. Jahrhunderts gleich dem Schwaben des 18. Jahrhunderts sei, müsse man also verneinen. Professor Dr. Decker-Hauff nannte dafür ein anderes Beispiel: Einige sagten, es sei schwäbisch, großzügig zu sein. Andere behaupteten dagegen, der Schwabe sei geizig.

Wie verhält es sich mit der »Schwäbischen Kunst«? Peter Parler (14. Jh.) wird heute nach den Ausführungen des Redners zu denen gezählt, die schwäbische Kunst geschaffen haben. Die neueste Forschung habe ergeben, daß er kein Schwabe, sondern Nordfranzose war. Eduard Mörike, den großen schwäbischen Dichter, müsse man als »Auch-Schwaben« bezeichnen, denn durch seine Adern sei auch Lübecker und Schweizer Blut geflossen. Hölderlin sei zu einem Viertel Thüringer mit einem starken Schuß Österreichischen Bluts. »Ganz besonders vorsichtig« müsse bei Schiller ans Werk gegangen werden. Schiller, »Schwabens Heiligtum«, zeige einen starken fränkischen Einfluß.

Professor Dr. Decker-Hauff stellte nach diesen Feststellungen die Frage: »Dürfen wir überhaupt annehmen, daß es einen großen Schwaben gibt, der ein richtiger Schwabe ist?« Gerade in führenden schwäbischen Patrizierfamilien sei eine sehr starke Zuwanderung fremden Blutes festzustellen. Seit dem 30jährigen Krieg pulsieren in jedem Schwaben 10 bis 15 Prozent nichtschwäbischen Blutes. Gerade in Familien, die typisch Schwäbisches geschaffen hätten, sei dieses Blut ganz besonders stark.

Wie vielseitig die schwäbischen Eigenschaften sein können, habe einmal eine Berlinerin über einen Schwaben geschrieben, sagte der Redner: Er sei schöpfe-risch, philosophisch, lasse gern eine Frage offen, sei gebend, verfechte seine Überzeugung, sei ängstlich, bedächtig, gerecht, gütig, treu, verläßlich, geizig, teilnehmend, verschwiegen, sittlich stolz und so weiter und so weiter. An dieser Stelle angelangt, stellte der Historiker fest, daß es »den Schwaben« nicht gebe. Gerade dies aber sei eine typisch schwäbische Eigenheit. Der Schwabe selber brauche im übrigen ein ganzes Leben lang, um das typisch Schwäbische an sich zu entdecken.

∗

So weit der Zeitungsbericht, der — auch das ist *typisch schwäbisch!* »grad mit Fleiß« letztlich dann doch wieder das meiste offen läßt.

Nicht desto trotz darf als erwiesen angenommen werden, daß es von der Abstammung her keinen einzigen »reinrassigen« Schwaben mehr gibt. — Eine beruhigende Erkenntnis übrigens auch für den als »urschwäbisch« geltenden Herausgeber, dessen Großeltern väterlicherseits aus Sachsen und Thüringen kamen!! Daß er mit einer Potsdamerin verheiratet ist, sei deshalb auch nicht verschwiegen.

Schwäbisch-Allzuschwäbisches

Das Schwäbischste am Schwaben und selbst steckbrieflich aktenkundig ist seine Sprache, ist seine Mundart, die er Dialekt

Die sieben Schwaben und der Hase
Zeichnung von Moritz von Schwind

nennt. Dies besagt freilich nur, daß er im Schwabenland geboren wurde oder hier von frühester Jugend an aufgewachsen ist. Das trifft somit auch für viele Kinder der nach 1945 ins Schwabenland verschlagenen Flüchtlinge und Heimatvertriebenen zu. Daß sich diese bereits als gute Schwaben fühlen, spricht sicher nicht gegen die Schwaben. Im übrigen dürfte diese schicksalhafte Blutauffrischung im Hinblick auf die mancherorts bedenkliche Inzucht durchaus positiv zu werten sein. Nur mit Einschränkung gilt das Markenzeichen »Typisch schwäbisch« heute noch für Volksbrauch, Volkstracht, Volkstanz und Volkslied. Sicher läßt sich das Schwäbische hier in vielen Einzelfällen zweifelsfrei belegen. Die Grenzen zu »Alemannen« und Franken sind jedoch von Fall zu Fall recht fließend und überschneiden sich.

Eindeutig als typisch schwäbisch einzuordnen sind dagegen die handgeschabten Spätzle, der »koexistenzielle« Gaisburger Marsch, die nahrhaften Maultaschen und der »duftige« Zwiebelkuchen nicht minder als die weltbekannte Laugenbrezel, *das* knusprige oberschwäbische »Seele« und die nach Dreikönig fällige Reutlinger Mutschel. Typisch schwäbisch ist auch der »Schiller«-Wein nebst dem gerbsäurehaltigen Schwarzriesling und Trollinger und — nicht zu vergessen — das schwäbische Nationalgetränk, der »Mooscht«.

Auch der Schwäbische Albverein — mit seinen über 110 000 Mitgliedern stärkster deutscher Mittelgebirgs- und Wanderverein — gehört hier her und schließlich die viel geschmähte »Kehrwoche« und der vielseitig anwendbare »schwäbische Gruß«.

Wer sich zu all diesen Spezialitäten bekennt und zudem noch schwäbisch schwätzt, darf sich mit Fug und Recht Schwabe nennen. — Was sonst noch unter dem Etikett »schwäbisch« läuft, ist zumindest zum Teil individuell bestimmt und damit in seiner Zuordnung zum Schwäbischen nur noch pauschal erfaßbar.

Von wenigen Ausnahmen abgesehen, bei denen er sich selbst Stellung zu beziehen anmaßt, beschränkt sich der Herausgeber ganz bewußt darauf, dem Leser anhand von urkundlichen und literarischen Belegen mit Urteilen und Vorurteilen das Für und Wider des »Typisch Schwäbischen« aufzuzeigen und damit — wie man heute so schön zu sagen pflegt — eine Hilfe zur eigenen Meinungsbildung anzubieten. Ins Schwäbische übersetzt, heißt das: »Des könnet'r jetzt siade' oder brote'!«

Im übrigen sei ausdrücklich angemerkt, daß dieses Buch vornehmlich der Unterhaltung dienen soll, die getroffene Auswahl keine Wertung bedeutet und Vollständigkeit nicht angestrebt wurde.

Zu sein ein Schwabe ist auch eine Gabe

Urteile und Vorurteile

Singe, wem Gesang gegeben

Wir Schwaben haben aushausigerweise und ganz gegen unser angebliches Sparsamkeitsprinzip gleich »zwei Nationalhymnen« — eine seriöse und eine anekdotische. Und wir können uns das leisten! — Beide werden etwa gleich gerne gesungen, und zwar nicht etwa »*entweder — oder*«, sondern — wohlgemerkt! — »*sowohl als auch*«. So bedeutet es durchaus keinen Bruch, in ein und derselben weinseligsangesfrohen Runde beide Lieder mit gleicher Inbrunst und Überzeugung erschallen zu lassen. Das *Typisch Schwäbische* daran ist freilich, daß in der Regel das seriöse Lied erst *nach* dem anekdotischen angestimmt zu werden pflegt. Schwabenstreich und Schwabenehre liegen bei uns eben dicht beisammen:

Auf de schwäbsche Eisebahne
Gibt es viele Haltstatione:
Stuagert, Ulm ond Biberach,
Meckebeure, Durlesbach.

Auf de schwäbsche Eisebahne
Gibt's au viele Rest'ratione,
Wo mr esse ond trenke ka'
Älles, was dr Mage ma(g).

11

Auf de schwäbsche Eisebahne
Wollt' emol e Bäuerle fahre,
Goht an Schalter, lupft de Huat:
»E Billettle, send so guat!«

's Bäuerle hot e Böckle kaufet,
Ond damit's'm net vertlaufet,
Bendet es der guate Ma'
An de hentre Wage na'.

Böckle, tuar no woidle sprenge!
's Fresse will i dir scho brenge!
So schwätzt onser Bauersma',
Hockt druf zua seim Weible na'.

Wia der Zug noh wieder staoht,
's Bäuerle noch seim Böckle schaut,
Fendet er bloß Kopf ond Soil
An dem hentre Wagetoil.

Ond des Bäuerle voller Zoare
Packt de Goißbock an de Hoare,
Schmeißt'n, was er schmeiße ka',
Em Kondukteur an Ranze na'.

Des ist's Liad von sellem Baure,
Der sein Goißbock hot verlaore;
's Böckle hot e traurigs End,
Hemmelstuargertsapperment!

So jetzt wär des Liadle gsonge.
Hot's euch recht en d'Aohre klonge?
Stoßet mit de Gläser a'
Aufs Wohl dr schwäbsche Eisebah'!

Unsere seriöse Hymne bezieht sich auf ein vaterländisch-historisches Ereignis, auf den von Kaiser Maximilian I., dem sogenannten »letzten Ritter«, im Jahre 1495 nach Worms einberufenen Reichstag, an dem, nebenbei bemerkt, auch Götz von Berlichingen 15jährig als Knappe teilgenommen hat. Der Weinsberger Dichterarzt *Justinus Kerner* hat den Text im Jahre 1818 einer Volksweise unterlegt:

Preisend mit viel schönen Reden
Ihrer Länder Wert und Zahl,
Saßen viele deutsche Fürsten
Einst zu Worms im Kaisersaal.

»Herrlich«, sprach der Fürst von Sachsen,
»Ist mein Land und seine Macht;
Silber hegen seine Berge
Wohl in manchem tiefen Schacht.«

»Seht mein Land in üpp'ger Fülle«,
Sprach der Kurfürst von dem Rhein.
»Goldne Saaten in den Tälern,
Auf den Bergen edlen Wein!«

»Große Städte, reiche Klöster«,
Ludwig, Herr zu Bayern sprach,
»Schaffen, daß mein Land dem euren
Wohl nicht steht an Schätzen nach.«

Eberhard, der mit dem Barte,
Württembergs geliebter Herr,
Sprach: »Mein Land hat kleine Städte,
Trägt nicht Berge silberschwer.

Graf Eberhard im Schoße eines Hirten ruhend
Marmorgruppe in den Stuttgarter Anlagen

Doch ein Kleinod hält's verborgen:
Daß in Wäldern noch so groß
Ich mein Haupt kann kühnlich legen
Jedem Untertan in Schoß«.

Und es rief der Herr von Sachsen,
Der von Bayern, der vom Rhein:
»Graf im Bart! Ihr seid der reichste,
Euer Land trägt Edelstein!«

Das Postkartenduell

Mit überwältigender Schwabenmehrheit
wehren wir uns freilich ganz entschieden
gegen das seit etwa 15 Jahren als Postkar-
te *anonym* kolportierte

Lied der Schwaben

Kennst Du das Land, wo jeder lacht,
wo man aus Leber Spätzle macht,
wo jeder zweite Fritzle heißt,
wo man noch über Balken scheißt,
wo jede Bank ein Bänkle ist
und jeder Zug ein Zügle,
wo man den Zwiebelkuchen frißt
und Moscht sauft aus dem Krügle,
wo »daube Sau«, leck mich am Arsch
in keinem Satz darf fehlen,
wo sich die Menschen pausenlos
mit ihrer Arbeit quälen,

wo jeder auf sein Häusle spart,
hat er auch nichts zu kauen;
und wenn er 40, 50 ist,
dann fängt er an zu bauen!
Doch wenn er endlich fertig ist,
schnappt ihm das Arschloch zu!
O Schwabenland, gelobtes Land,
wie wunderbar bist du!

Gewiß man könnte über dieses bösartige
Pamphlet zur Tagesordnung übergehen.
Leider, leider hat sich darauf aber der
profitlechzende Kommerz gestürzt. Und
so kann sich der unkundige Nichtschwabe
im nächstbesten Andenkenladen diese
üble Nachrede nicht nur auf Postkarten,
sondern auch auf Wandtellern, Aschen-
bechern, Wandbehängen und anderem
Edelkitsch für teures Geld andrehen lassen. Geld stinkt ja nicht, sagte schon der
römische Kaiser Vespasian, als er Latri-
nensteuer erhob. — Uns Schwaben aber
stinkt eine solche Diffamierung, und zwar
saumäßig!
Über den sicher am Umsatz bevorzugt be-
teiligten anonymen Verfasser sind schon
viele Vermutungen angestellt worden. Ob
es sich um einen schwäbischen Nestverschmutzer oder einen mißgünstigen
Nichtschwaben handelt, konnte bisher leider nicht geklärt werden. Das erstere erscheint leider wahrscheinlicher.
Wie weltweit solcher »Rufmord« wirken
kann, zeigt die Tatsache, daß dieses

Machwerk inzwischen in durchaus gutgemeinter Absicht als »The Song of the Swabians« ins Angloamerikanische übersetzt worden ist. Übersetzer dieses »Songs« ist *Dr. Bob Larson,* seines Zeichens in Stuttgart akkreditierter Verbindungsoffizier der amerikanischen Armee zu den bundesdeutschen Dienststellen und zur einheimischen Bevölkerung. Dieser »Song« ist nachzulesen in seinem ansonsten brillanten Büchlein »*Your Swabian Neighbors*«, mit dem er sich bemüht, seine amerikanischen Landsleute in Uniform wie in Zivil mit Geschichte und Kultur des Gastlandes Baden-Württemberg und den Eigenarten dessen Bewohner vertraut zu machen.

Sei's drum! Es war »höchste Eisenbahn«, daß etwas gegen dieses Machwerk unternommen wurde:

Karl Emmert

Antwort auf das Lied der Schwaben

Das »Lied der Schwaben«,
Der dies ausgebrütet,
aus welchem and'ren deutschen Stamm
    er sei.
Wo Roheit in der Gossensprache wütet,
sind Art und Herkunft weltweit einerlei!

Humor?
Der Schwabe liebt ihn tiefer, leiser;
als Geistesfunken stillvergnügter Welt.
Die Leute leben hierzulande weiser
als grobe Torheit grölend dargestellt.

Das Lied der Schwaben:
Uhland hat's gesungen!
Es schwingt im Fleiß in Daseinsheiterkeit!
In Schiller, Mörike ist's aufgeklungen —
und in Motoren dröhnt es erdenweit!

Das Kraftzitat des Götz von Berlichingen
ist menschheitsalter Allgemeinbesitz, —
drum hört man's auch im Schwabenland
    erklingen:
zum Beispiel für »Poeten« ohne Witz!

Daß es sich bei dem in Langenargen am »Schwäbischen Meer« lebenden Schriftsteller *Karl Emmert* ausgerechnet um einen gebürtigen Münchner handelt, sei dankbar vermerkt und unterstreicht die Glaubwürdigkeit seiner Gegendarstellung.

Im übrigen spricht es für unseren amerikanischen Partner *Bob Larson,* daß er sich — von unseren Argumenten überzeugt — bereit erklärt hat, in die sicher bald fällige Neuauflage seines Bändchens auch die Emmert'sche Version »*In Response to »the Song of the Swabians««* zu

15

übernehmen. Nicht umsonst ist er schließlich mit einer Schwäbin verheiratet!!
Als Vorabdruck seien hier die letzten beiden Strophen der »Antwort« veröffent-
licht:

The Swabian Song:
It coursed through Uhland's veins;
In diligence and joy of life it reigns.
Our Mörike and Schiller sang its
    wonders,
In engines 'round the world it roars
    and thunders!

When Götz von Berlichingen told the
    Kaiser
What he could kiss to make him much
    the wiser,
He gave the Swabians a handy curse
For witless poets and their lousy verse.

Durch die preußische Brille

Und wieder ist es ein *Anonymus,* der uns
Schwaben aufs Korn nimmt. Diese Schelte liegt allerdings schon rund 100 Jahre
zurück, immerhin sind die »*Culturbilder
aus Württemberg von einem Norddeutschen*« (1875 in Leipzig erschienen) wieder als unveränderter Nachdruck auf dem
Markt. Über die *schwäbische Gemütlichkeit* lesen wir:

Welcher Norddeutsche erinnert sich nicht
aus der Zeit, in welcher er Schüler oder
junger Student war, des Eindruckes, den
in irgend einem süddeutschen Theater-
stück ein schwäbisch sprechendes Töchterchen auf das Publikum gemacht hat?
Als wir »Lorle« oder den »Goldbauer«
und derartiges zum ersten Mal sahen?
Wie das ganze Publikum erfreut, gerührt,
entzückt war? Wie alle Hände in Bewegung waren, und in alle Herzen sich ein
Sehnsuchtsstrahl hineinsenkte nach jenem
sonnigen, rebenreichen Land des Südens,
in welchem so gemütlich gesprochen wird,
und so anmutige, kurzröckige, liebeglü-
hende Töchter der Berge Auge und Herz
erfreuen? Wie viele mögen nicht in solchen Augenblicken der Begeisterung den
Entschluß gefaßt haben, bei der nächsten
Gelegenheit diesem Lande des Weins und
der Gemütlichkeit einen Besuch abzustat-
ten, und wie viele, ach! mögen nicht
dann, wenn ihnen dieses Ziel zu erringen
gelungen war, verzweiflungsvoll herum-
geirrt sein, und nach der Gemütlichkeit
gefahndet haben, welche ihre jugendlichen Träume erregte und verwirrte?
Ja, es ist eine merkwürdige Täuschung, in
welcher sich der Norddeutsche bewegte,
und eine auffallende Selbsttäuschung vieler Württemberger, wenn sie in ihrer Presse bei jeder Gelegenheit die große Gemütlichkeit in ihrem Lande rühmen! Für den
Einheimischen mag ja wirklich manches

16

gemütlich sein, die großen Volksfeste in Cannstatt und die kleineren Feste, welche Feuerwehrmänner, Sänger, Turner, landwirtschaftliche Vereine abzuhalten pflegen, die zahlreichen Metzelsuppen und der neue Wein mit ihren oft nicht erfreulichen Wirkungen, das Zusammenkleben der Verwandten im Lande, die sich fortwährend besuchen, oder in Stuttgart oder bei günstig wohnenden Verwandten treffen oder gar in jährlich abgehaltenen Familientagen zusammenkommen, oder die großen Feste der Weihnachten, wo unglaublich viel gebacken wird (aber nichts von den feineren norddeutschen Sachen), und der Konfirmation (wo noch unglaublich mehr von allen Seiten geschenkt wird), oder das vielfach geschilderte und verherrlichte Leben im schwäbischen Pfarrhaus, oder das Dorfleben mit seinen singenden und spazierenden Mädchen oder Burschen, oder das ranglose Durcheinander in Kneipen und Biergärten von Vornehm und Gering, Bier und Spülwasser, Rettig und Brotkrumen, Käserinden und Zigarrenasche, vielleicht auch die selbst in besseren Gasthöfen schmutzstarrenden Tischtücher und obstmusangefüllten Servietten und der mit der Zigarre im Mund bedienende Wirt: für den Nichtwürttemberger, fürchte ich, wird der Reiz vieler Dinge ungleich geringer sein, und er wird in manchen Fällen zweifellos statt des Wortes Gemütlichkeit zur Charakterisierung ein weit treffenderes Hauptwort anzuwenden die Neigung haben.

In hohem Grade bemerkenswert ist nun ein andrer Charakterzug, der vor einigen Jahren die württembergische Kultusbehörde in einige Aufregung versetzt hat. Ein Vater, dessen Sohn im Evangelischen Stift in Tübingen studierte und acht Tage vor dem offiziellen Ferienanfang nach Hause entlassen wurde, machte in einer Stuttgarter Zeitung Geschrei, weil er den studierenden Sohn, der im Stift freien Lebensunterhalt hat, acht Tage länger füttern mußte. Das ist schwäbisch und recht ungemütlich. In den übrigen Gegenden des deutschen Vaterlandes pflegen sich die Eltern zu freuen, wenn ihre Söhne zu den Ferien heimkommen, und rechnen nicht nach, wieviel Tage sie ihnen Essen geben müssen.

*

Hinter dem *Anonymus,* dem wir diese nicht gerade schmeichelhaften Auslassungen »verdanken«, steht der 1845 in Pillau geborene Altphilologe *Professor Dr. Hans Flach,* der von 1875 bis 1885 an der Universität Tübingen gelehrt hatte, bis er als »Nestverschmutzer« entlarvt seines Lehrstuhls enthoben wurde. Wir werden noch öfters auf ihn zurückkommen müssen. Doch geben wir nun einem *schwäbischen* Professor das Wort:

17

Friedrich Theodor Vischer

Meine sie nun zu kennen

diese Schwaben. Schwerblütig, unvermögend, sich aus sich herauszuleben. Wie leichtlebig dagegen selbst unsere mitteldeutschen Stämme! — Und dabei merkwürdig starkes Stammesgefühl. Meinen, ihre Eigenheiten seien bessere, eigenere Eigenheiten als die Eigenheiten anderer Stämme. Meinen, sie haben die Gemütlichkeit gepachtet... Nachdenkliches Wesen, viel Talent, aber da stellt sich das T und L um: Talent bleibt latent. Sind so gescheit wie nur irgend jemand, haben aber wie die Schildbürger beschlossen, heimlich gescheit zu sein. Will nichts heraus. Kein Zusammenleben, keine Gesellschaft — denn verhockte Wirtshauskreise sind nicht Gesellschaft —, kein Gespräch. Man trifft freilich im kleinsten Winkel vereinzelt unterrichtete Menschen, wenn man sie anbohrt, oft und viel, — guter Verstand überall. Aber kein Gespräch, will sagen kein geselliges, verbreitetes, Städte durchfliegendes Ventilieren neuer Dinge, die jedermann interessieren. Kein warmes Wort, kein lebendiger Ideenstreit über neue Bücher, Theaterstücke, Kunstwerke, aufregende politische Ereignisse oder Fragen. Scheint mir auch verstockter Eigensinn zugrund zu liegen, machen Gesichter, die sagen: jetzt weil jedermann davon spricht, weil alle Welt meint, davon müsse die Rede sein, jetzt gerade erst recht nicht. — Sind übrigens auch fremdenscheu, fremdeln... Halten sich in ihrer Selbstliebe für besonders ehrlich, solid, reell — während es mit der Gewissenhaftigkeit in Handel und Wandel, im Handwerk um kein Haar besser steht als irgendwo in unserer Zeit... Summa: Völklein schwer zu begreifen; Gutes und Schlimmes verknäuelt wie kaum irgendwo. Überrascht aus einer engen Existenz die Welt auf einmal mit einem Schiller, Schelling, Hegel. Vielleicht kann man sagen: unter dem dichten, knorpligen Schildkrötenschild ein stets gesparter, obwohl auch viel zu sehr gesparter Schatz von Talent und Kraft. Dies die mildeste Ansicht und billigste Entschuldigung. — Nur der Lebtag von der Gemütlichkeit sehr verdammenswert, erregt eben doch Überdruß... Das ist übrigens auch wahr: keinen einzigen blasierten Menschen habe ich gefunden, und bin doch mit vielen umgegangen. Dies besagt nicht wenig...
Ein Schwabe lernt schwer befehlen. Seid mir Zeuge, ihr gelehrten schwäbischen Jünglinge auf Reisen, die ihr in Gasthöfen vernachlässigt, von groben Kellnern verhöhnt und geneckt werdet und sie schier um Verzeihung bittet, wenn ihr etwas von ihnen begehrt!
Bis der Schwabe seinen Bediensteten hart anläßt, ihm einen straffen und angemes-

senen Befehl erteilt, muß er schon böse und zornig sein, er alteriert sich erst, aber dann bricht er auch zu derb hervor.

Friedrich Hebbel

Zugeknöpft

Die Schwaben sind alle von oben bis unten zugeknöpft. — Die hervorragenden Häupter, die Köpfe von Stuttgart und Württemberg, gleichen alle eingemauerten Mönchen, die durch das für den letzten Stein noch offengelassene Loch verdrießlich hindurchschielen.

Anonymus (Hans Flach)

Die Abneigung gegen das Fremde

Es dürfte ausgemacht sein, daß die systematische Abschließung des Landes, die auch in den Schulen genährte Abneigung gegen das Fremde, die stete Hervorkehrung des schwäbischen Wesens und das Lob aller Einrichtungen des Landes die Menschen zu jenen Eigenschaften gebracht hat. Damit stimmt auch wieder, daß der Schwabe niemals verträgt, wenn der Fremde eine Einrichtung im Lande angreift, und leicht dabei empfindlich, heftig und jähzornig wird, wie sehr er selbst dieselbe Einrichtung kurz vorher mit Tadel überschüttet haben mag. Um den Tadel der Fremden zu entkräften, scheuen sich auch studierte Männer nicht, in der Tagespresse zu lügen. Wenn man daher schon vor Jahrhunderten vom »dummen Schwaben« gesprochen hat und vom »Schwabenalter« usw., so trifft dies nicht den Kern der Sache. Der Schwabe ist zwar formlos, aber keineswegs dumm, wenn auch viele durch den großen Mund und die breiten Gesichtszüge nicht klug aussehen, sondern er gehört zu den Menschen, von denen man sagt, »daß sie es hinter den Ohren haben«.

Wie sehr es selbst die gebildetsten Schwaben — und dazu darf man doch wohl Universitätsprofessoren rechnen — bisweilen an dem notdürftigsten Takt und an der kleinsten Zuvorkommenheit fehlen lassen, dafür haben wir selbst zu viel drastische Szenen mit angesehen, als daß wir das Urteil nicht fällen dürften, daß der Schwabe im Verkehr mit dem Fremden — um milde zu sein — ungeschickt und abstoßend, bisweilen sogar ungezogen ist. Im Lande selbst nennt man diese Eigenschaften Schüchternheit und Unbeholfenheit. Noch heute wird ein Kreis schwäbischer Männer bei dem Eintritt eines Preußen plötzlich verstummen, und der Fremde wird staunend bemerken, daß die ganze Unterhaltung aus den Fugen gekommen und nicht mehr in Fluß zu bringen

19

ist, nicht anders, als wenn in ein elegantes Berliner Lokal ein nackter Zulu oder ein gerüsteter Somalineger eintreten würde.

August Lämmle

Hehlingen höflich

Der Schwabe, der nur durch die Heimatschule gegangen ist, benimmt sich Fremden gegenüber zurückhaltend. Es geht ihm das Wort, namentlich das Höfliche, nicht leicht durch das Gehege der Zähne. Seine Rede hat die Merkmale bäuerlicher Schlichtheit und Derbheit. Die Dinge des Gemüts und der religiösen Innigkeit versteckt er hinter kurz angebundenem Wesen. Grobheit ist ihm ein Zeichen von Aufrichtigkeit und von Männlichkeit, die er über alles schätzt. Darum ist er hehlingen zart, hehlingen fromm — es ist, als schäme er sich, Höflichkeit und Liebenswürdigkeit offen zu zeigen.

Christian Daniel Friedrich Schubart
(1739—1791)

Chr. D. F. Schubart

An die Schwaben

Ihr lieben Schwaben insgesamt,
Wenn noch ein Fünkchen in euch flammt
Von Ahnenglut, so höret mich —
Denn bieder, frei und deutsch bin ich.

Unüberwindlich, groß und stark,
In ihrer Knochen Löwenmark
War eurer großen Väter Art;
Jetzt seid ihr zärtlich, winzig, zart;
Tragt statt der Waffe Degelein
Mit Bändern dran, gar hübsch und fein,
Und sprecht mit eurem lieben Sohn
Franzosensprach im Nasenton!

20

Ihr lauft verbuhlt um eure Weiber,
Wie Maulwurf, Sperling oder Täuber.
Wer Komplimente schneiden kann,
Wer schmeicheln, kriechen, heucheln
  kann,
Der ist bei euch ein ganzer Mann!
Ihr haschet nur nach Rauch und Dunst,
Und nicht nach Wissenschaft und Kunst!
Drum gilt bei Euch der Gauch und Tropf
Mehr als der Weise und der Kopf!
Der Jüngling sitzt beim Wein so kalt,
Als wär er achtzig Jahre alt
Und säße auf der Alpen Höh
Mit bloßem A... im ew'gen Schnee. —
Ist's Wunder, wenn man euch entehrt,
Als wenn ihr Yähoo wärt?
Schnipst euch der Sachs und Fremde doch
Verächtlich unters Nasenloch.

O denkt einmal im Ernste nach,
Was einst Bohemus von uns sprach:
Der Schwabe wird erst spät gescheit.
Ach denkt daran, 's ist hohe Zeit.
Seid klug, schon vor den vierzig
  Jahren,
Wie's eure braven Väter waren.
Wie schön, wenn einst der Enkel
  spricht:
Die Narrenkappe paßt mir nicht.

Karl Hans Bühner

Die sieben Schwaben
in der Schweiz

Nachdem die Sieben Schwaben ihr größtes und gefährlichstes Abenteuer, ihren Kampf mit dem Hasen, bestanden hatten, da zogen sie in Frieden und Freuden in Überlingen ein und zechten gewaltig bis tief in die Nacht. Am andern Morgen aber brummte ihnen der Kopf von dem Rachenputzer, der ihnen dort kredenzt worden war. Sie beschlossen, das erste Schiff zu nehmen und über das Schwäbische Meer zu fahren, um zu erkunden, wo es zu Ende sei und ob drüben auch noch Schwaben wären.
Auf der Fahrt über das Meer hatte sie ein gewaltiger Respekt vor den Wassern ergriffen, so daß sie danach trachteten, möglichst bald wieder festen Boden unter die Füße zu bekommen. Also gingen sie in Rorschach an Land.
Wie sie nun einen großen Bogen um die Stadt herum gemacht hatten, um dahinter einem einzelnen Menschen zu begegnen, den sie ohne Scheu befragen könnten, da waren sie vor einem blühenden Flachsacker stehengeblieben, dessen wogende blaue Fläche sie abermals für ein Meer hielten, aber bloß für ein kleines. Wie sie im Allgäu eines auf dem Weg nach Leut-

kirch durchquert hatten. Weil sie aber am anderen Ufer einen Bauern pflügen sahen, beschlossen sie, das Gewässer zu durchschwimmen, um desto rascher Auskunft zu erlangen.

Der Allgäuer, der den Spieß trug, stocherte damit in den Boden am Rande des Flachsfelds, um die Tiefe des Wassers zu prüfen.

»Geh nur weiter hinein!« ermunterte ihn der Seehas und schob ihn voran, »du hast ja eine Stange, und probier, ob du auf den Grund kommst!« riet er: »Je weiter, desto besser!«

Je weiter er vorwärts schritt — das Wasser reichte ihm kaum über die Knie. Sie sahen es und erstaunten und faßten Mut. »Bigost, Allgäuer«, meinte der Seehas, »du könntest uns doch 'nüber tragen wie weiland der große Nothelfer Sankt Christophorus. Das Rote Meer möchte vielleicht weichen, aber das blaue tuts nicht.«

»Letz, Seehas, was ein rechter Schwab ist«, entgegnete der Allgäuer, »der kommt auch durchs blaue... Ins Wasser mag ich schon, aber weiter nicht, als bis an den Hals. Wenn's Wein wär!«

»Frisch gewagt ist halb gewonnen!« sagte keck der Blitzschwab und stürzte sich in die Fluten. Und die andern taten desgleichen, der Nestelschwab als letzter.

Vom Morgentau am ganzen Körper benetzt, stand der Allgäuer zuerst am Ufer des Flachsackers. Er steckte den Spieß in die Wiese als Richtpfosten für die Schwimmer, wandte sich um und sah bald ihre Köpfe, bald die Rücken der stolpernden Gefährten an der Oberfläche des Flachsackers auftauchen.

Als alle, an Haupt und Gliedern geschunden, an Land gestiegen waren, zählten sie ab, ob sie noch ihrer sieben wären und ob nicht etwa einer ertrunken sei.

Der Allgäuer nahm die Zählung vor und fing bei sich an: »Jetzt der Allgäuer bin ich, du Seehas wärst der erst, du Spiegelschwab der zweit, du Gelbfüßler der dritt, du Blitzschwab der viert, du Knöpfleschwab der fünft, du Nestelschwab der sechst. — Potz Blitz, einer fehlt! Es sind nur unser sechs!« Verlegen kratzten sie sich allesamt hinter dem Ohr.

»Bigost, 's ist wahr!« meinte der Seehas. Da trat der Bruder Bürgli herzu, der den Handel der Schwaben von weitem beobachtet hatte und fragte, was sie hinter dem Ohr zu kratzen hätten. Sie eröffneten ihm ihre Not.

Nun lag nebenan auf dem Wege ein frischer Kuhfladen, und der Fremde riet ihnen sie sollten alle der Reihe nach ihre Nase in den Fladen tupfen und nachher abzählen, wieviel Löcher es wären.

»Erst noch!« sagten sie, priesen seinen Rat und folgten ihm. Und siehe da: es fanden sich sieben Nasenspuren im Fladen. — Darüber waren sie heilfroh und gingen vergnügt querfeldein...

Sind keine Böblinger da?
(Nach Heinrich Bebel)

Jedes Kind weiß, daß Christoph Kolumbus Amerika entdeckt hat. Nicht jedermann aber weiß, daß dabei auch ein Schwabe war. Die Schwaben nämlich sind sehr wanderlustig. Es liegt dies wohl an ihrer großen Volkszahl, die einst so groß war, daß das Land sie nicht zu fassen vermochte und man sagte, die Schwaben würden nicht geboren sondern gesät, und der große Schwabensame seien die Nüsse, für die der Schwabe so eine Vorliebe hätte. Aber auch im Blut liegt dem Schwaben das Wandern. Ein lateinischer Spruch aus dem 13. Jahrhundert sagt von ihnen:

Wenn der Schwab das Licht erblickt,
Wird er auf ein Sieb gedrückt,
Spricht zu ihm das Mütterlein
und der Vater hintendrein:
Soviel Löcher als da sind
In dem Siebe, liebes Kind,
Soviel Länder sollst du sehen,
Dann magst du zu Grabe gehen.

In allen Kriegsheeren der Welt gab es Schwaben, und sie zeichneten sich aus durch ihren Mut und ihre Verwegenheit. Als daher Christoph Kolumbus kühne Leute suchte, die mit ihm die abenteuerliche Fahrt um die Erde herum nach Indien wagen wollten, da fand sich auch ein Schwabe aus Böblingen bei ihm ein. Siebzig Tage war die kleine Flottille auf dem weiten Meer. Endlich, es war am 12. Oktober 1492, landete sie in Westindien an der kleinen Insel Guanahani. Christoph Kolumbus sprang als erster an Land, die spanische Fahne in der Hand, und gleich hinter ihm unser Landsmann, der Böblinger. Und als er den Fuß auf die fremde Erde gesetzt hatte, schaute er sich um. Und da er in der Ferne Menschen sah, die staunend und furchtsam zugleich die weißen Ankömmlinge betrachteten, erhob er seine Stimme und rief in die neue Welt hinein: »Sind keine Böblinger da?« — Aber da weder Stimme noch Antwort kam, also daß er sich darüber baß verwunderte; denn wohin er bis jetzt gekommen war, hatte er Schwaben und Böblinger gefunden.

P. S.: Nach neuesten Erkenntnissen soll diese Überlieferung nicht stimmen. Aus der Menge der Einheimischen soll nämlich einer gerufen haben: »Noi, aber e Sindelfinger!« Dazu muß man wissen, das *Böblingen* und *Sindelfingen* seit Alters her so eng »verfreundet« sind, daß man es nicht wagte, sie 1971 bei der Gebietsreform zusammenzulegen, wenngleich sie völlig zusammengebaut sind. Schließlich behaupten die Böblinger auch, es gäbe dreierlei Menschen: Mannsleut, Weibsleut und — Sindelfinger!

23

Dr Ulmer Spatz

Wia ka' mr au, wia ka' mr au!
I sag's uich em Vertraue',
wia ka' mr au so saudom sei'
beim Bästle' ond beim Baue'!
Wie ka' mr au dr Broite noch
en elle'lange Sparre'
durchs Stadttor trage' wölle', noi',
verfahre'-n ist dr Karre'!

Jetz losnet au, jetzt losnet au
ond lent's uich net verdriaße':
E Spatz hot deane Manne' gar
de Dippel bohre' müaße'.
E Spatz hot gschwend e Hälmle halt
keck en de Schnabel gnomme'
ond ist de lange' Weag damit
ao'gstroift durchs Löchle komme'.

Jetzt denket au, jetzt denket au,
e Spatz, e neu'molgscheiter,
e Spatz ist heller gwä wia d Leut!
Verzählet's jo net weiter.
Daß des grad z Ulm passiere' muaß,
noi, des därf neamert wisse'!
Drom halet dicht ond schwätzet nix!
Mr wäret grausig bschisse'!

Wia ka' mr au, wia ka' mr au
dr Broite noch en Sparre'
durchs Stadttor trage' wölle, noi'!
Verfahre'-n ist dr Karre'!

Drom haltet's Maul ond leget uich
uf d Zong en Kieselbatze',
sust hoißt mr ons em ganze' Land
am End noh d »Ulmer Spatze«!

Wenngleich der Herausgeber und Verfasser des obigen Mundartgedichts als »Ur-tübinger« gilt, ist er doch ausgesprochen stolz darauf — wenn auch durch Zufall!! — im Dezember 1916 in der Karlstraße 98 in Ulm das Licht der Welt erblickt und im Februar 1917 im Münster mit Donauwasser getauft worden zu sein. — Auch ist es ihm durchaus eine Ehre, mit »Ulmer Spatz« gefrotzelt zu werden. Schließlich muß man den Ulmern bescheinigen, daß sie als Altreichsstädter die beneidenswerte Gabe haben, sich selbst mit dieser Ortsneckerei zu identifizieren. Das Eingeständnis von Dummheit ist schließlich der Ansatz zur Weisheit! Auch die von Reingeschmeckten bisher nie bestrittene Tatsache, daß der Schwabe mit 40 gescheit wird, ist nur aus dieser fundamentalen Erkenntnis zu erklären:

Mir Schwobe went mit vierzge gscheit,
de andre — de'st fatal — went's nia,
ond wenn se's trotzdem went,
noh send se net normal.

Der Ulmer Spatz,
der ist net domm!
Geht es net de grade Weg,
no dreht mehr's Hälmle rom!

*

De gscheite Leut ganget d'Hoor raus,
Sauköpf muaß mr brühe'.

Liaber heimlich gscheit
    wia o'heimlich domm.

Bloß Domme moinet,
    de Gscheite wüßtet älles.

Oiner woiß nia älles,
    sust brücht mr koin Rat.

Bloß gscheit, ist au domm!

Saudomm froge' ist au e Begabong.

Mr muaß viel lerne', bis mr woiß,
    wia domm daß mr ist.

Du bist net domm, aber wer moint,
    du wärscht gscheit, ist domm
    gnuag.

I merk älles, wenn-e au nix sag.

Siebe Johr lang hent se's Michele
    mit mr triebe';
    aber i han's glei gmerkt!

So manchem sei' guats Gwisse
    kommt bloß
    vo seim schlechte Gedächtnis!

25

Vom Schwabenruhm
zum Schwabenstreich

Auf diesem Berg hat Hof gehalten,
Wie vor und nach ihm die Alten;
Zu Fuß in diese Kirch ist gangen,
Ohn alle Pracht, ohn Stolz und Prangen,
Durch diese Tür, wie ich bericht,
Ist wahrlich wahr und kein Gedicht.
(Regiert vom A. D. 1152 bis 1190)

Amor bonorum, terror malorum.
(Die Liebe der Guten, der Schrecken der
Bösen).
Inschrift in der »Barbarossakirche«
im Dorf Hohenstaufen

Siegel Friedrich I. Barbarossa,
an einer Urkunde vom Jahre 1181

Ludwig Uhland

Hohenstaufen

Hic transibat Caesar
(hierdurch ging der Kaiser)

Oh, denk an jenen Berg, der hoch und
　　schlank
Sich aufschwingt, aller schwäb'schen
　　Berge schönster,
Und auf dem königlichen Gipfel kühn
Der Hohenstaufen alte Stammburg trägt!

Der großmächtigst Kaiser wohlbekannt,
Friedericus Barbarossa genannt,
Das demütig edel deutsche Blut
Übt ganz und gar keinen Übermut;

Und weit umher, in milder Sonne Glanz
Ein grünend, fruchtbar Land, gewundne
   Täler,
Von Strömen schimmernd, herdenreichen
   Triften,
Jagdlustig Waldgebirg und aus der Tiefe
Des nahen Klosters abendlich Geläut;
Dann fernhin in den Burgen, in den
   Städten
Gesegnetes Geschlecht, treufeste Männer,
Die Frauen aber sittig und verschämt.

Ludwig Uhland

Schwäbische Kunde

Als Kaiser Rotbart lobesam
Zum heil'gen Land gezogen kam,
Da mußt' er mit dem frommen Heer
Durch ein Gebirge wüst und leer.
Daselbst erhub sich große Not,
Viel Steine gab's und wenig Brot,
Und mancher deutsche Reitersmann
Hat dort den Trunk sich abgetan;
Den Pferden war's so schwach im Magen,
Fast mußt' der Reiter die Mähre tragen.
Nun war ein Herr aus Schwabenland,
Von hohem Wuchs und starker Hand,
Des Rößlein war so krank und schwach,
Er zog es nur am Zaume nach;
Er hätt' es nimmer aufgegeben,
Und kostet's ihm das eigne Leben.

So blieb er bald ein gutes Stück
Hinter dem Heereszug zurück;
Da sprengten plötzlich in die Quer
Fünfzig türkische Reiter daher.
Die huben an, auf ihn zu schießen,
Nach ihm zu werfen mit den Spießen.

König Konrad der Junge (Konradin)
auf der Falkenjagd (1252—1268)

27

Der wackre Schwabe forcht sich nit,
Ging seines Weges Schritt vor Schritt,
Ließ sich den Schild mit Pfeilen spicken
Und tät nur spöttisch um sich blicken,
Bis einer, dem die Zeit zu lang,
Auf ihn den krummen Säbel schwang.
Da wallt dem Deutschen auch sein Blut,
Er trifft des Türken Pferd so gut,
Er haut ihm ab mit *einem* Streich
Die beiden Vorderfüß' zugleich.
Als er das Tier zu Fall gebracht,
Da faßt er erst sein Schwert mit Macht,
Er schwingt es auf des Reiters Kopf,
Haut durch bis auf den Sattelknopf,
Haut auch den Sattel noch zu Stücken
Und tief noch in des Pferdes Rücken;
Zur Rechten sieht man wie zur Linken
Einen halben Reiter heruntersinken.
Da packt die andern kalter Graus;
Sie fliehen in alle Welt hinaus,
Und jedem ist's, als würd' ihm mitten
Durch Kopf und Leib hindurchgeschnitten.
Drauf kam des Wegs 'ne Christenschar,
Die auch zurückgeblieben war;
Sie sahen nun mit gutem Bedacht,
Was Arbeit unser Held gemacht.
Von denen hat's der Kaiser vernommen.
Der ließ den Schwaben vor sich kommen;
Er sprach: »Sag' an, mein Ritter wert!
Wer hat dich solche Streich' gelehrt?«
Der Held bedacht' sich nicht zu lang:
»Die Streiche sind bei uns im Schwang;
Sie sind bekannt im ganzen Reiche,
Man nennt sie halt nur Schwabenstreiche.«

Alfred Leucht

Ein wackrer Schwabe forcht sich nit

Auf seinem Schloß zu Kilchberg dachte der greise Georg von Ehingen daran, wie er einstens vor der portugiesischen Stadt Ceuta den riesigen Mauren erschlagen. Er hatte schon etliche Abenteuer hinter sich gebracht, so auf Rhodos bei den Johannitern und auf einer Pilgerfahrt ins Gelobte Land, als er über Paris auch nach Portugal kam, eben zu der Zeit, als der Sultan von Marokko die Stadt Ceuta bedrohte. Mußte dies nicht das richtige für einen schwäbischen Ritter wie Georg von Ehingen sein? Er schloß sich kurzerhand den Verteidigern der Stadt an und stellte dabei seinen Mann wie kaum ein anderer.

Zu jener Zeit konnte es noch geschehen, daß Schlachten durch turnierartig ausgefochtene Zweikämpfe entschieden wurden. Das war denn auch beim Ringen um die portugiesische Stadt Ceuta der Fall. Die Besatzung hatte sich wacker geschlagen, so daß die Belagerer allmählich die Geduld verloren und deshalb versuchten, auf andere Weise die Stadt zu gewinnen. Darauf bauend, daß die Verteidiger geschwächt seien, forderte einer der Mannen des Sultans, ein riesenhafter Maure wie berichtet wird, einen aus der Stadt auf, sich ihm zum Zweikampf zu stellen, der auf Tod und Leben gehen sollte. Er dachte, dabei ein leichtes Spiel zu haben, hatte damit die Rechnung ohne den Wirt gemacht.

Nun, jedermann weiß aus ungezählten Beispielen: »Ein wack'rer Schwabe forcht sich nit...« Konnte es denn anders sein, als daß sich Georg von Ehingen — sein Gesicht strahlte förmlich in Gedanken daran — für diesen Zweikampf zur Verfügung stellte, von dem man hüben wie drüben wußte, daß er die Schlacht entscheiden, einer der beiden Seiten den Sieg bringen würde. Der schwäbische Ritter war sich nicht im Zweifel darüber, daß es dabei auch für ihn um Sein oder Nichtsein ging. Doch er hatte in seinem Leben dem Tod schon oft genug ins Antlitz geschaut. So ging er auch jetzt getrosten Mutes in den Kampf.

Lange ging es hin und her, wobei die beiden Kämpfer anfänglich noch zurückhielten, um ihre Kräfte nicht zu verschwenden. Schießlich aber dauerte es dem Mauren zu lang und er geriet in Wut.

Sollte es nicht möglich sein, diesen frechen abendländischen Ritter endlich unschädlich zu machen? Es kam zur Umklammerung, wobei jedoch nicht nur der Schwabe, sondern auch der Herausforderer zu Boden stürzte. Georg von Ehingen kam es nun zugute, daß er geschmeidiger war als sein ihm körperlich weit überlegener, jedoch schwerer Gegner. Flink entrang er sich der Umarmung. Ehe der andere sich erheben konnte, stand er wieder fest auf den Beinen. Und damit war praktisch der Kampf auch schon entschieden. Georg von Ehingen stieß seinem Herausforderer das Schwert in die Brust. Tot blieb der Muselmann auf dem Kampfplatz. Und wieder war die Geschichte um einen der sagenhaften Schwabenstreiche reicher.

Isolde Kurz

Schwaben

Mein liebes Schwabenland, von seinen Kindern nur das »Ländle« genannt, ist ein Gebilde eigener Art, gleichsam eine Musterkarte aller Länder. Es sieht aus, als hätte der Schöpfer, bevor er die Erde entwarf, ein Modell davon im Kleinen hergestellt, worauf er jede Form andeutete, die er hernach im Großen ausführen wollte: Berge, Flußläufe, Ebenen, Wasserflächen, alles ist vorhanden, aber in kleinem Maßstab und in stetem Wechsel. Immer steht man wieder vor einem anderen Bild. Diese Vielartigkeit hat nichts Zwingendes, Stilgebendes wie einfache Größe von ausgesprochener Art, die allein da ist und alles andere ausschließt. Vorstellungen werden angeregt, aber nicht erfüllt.

Daher lag und liegt vielen Schwaben die Unruhe von Hause aus im Blut. Wer vom Gipfel des Hohenstaufen blickt, der meint mit einem Male ein Stück mittelalterlicher Geschichte zu verstehen: die Weite, die sich auftut, lockt über die niederen Kuppen weg in fernere südliche Welten, die Anmut der Landschaft erregt, aber sie befriedigt nicht, sie erweckt ein unruhiges Verlangen nach höherer, ernsterer Schönheit, dem Drang nach Süden.

August Lämmle

Sie sprangen über den eigenen Schatten

Von »Schwabenstreichen« redet man in Deutschland, wenn aus übergroßer Schlauheit etwas ganz Törichtes entsteht. Und man glaubt, daß wir Schwaben solche Narrheiten als eine Art Sport betreiben, dazu ganz besonders geschickt und gegen die bösen Folgen gefeit seien. So wurden uns von überall die aberwitzigen, und gelegenheitshalber auch gleich die knotigen Streiche, erdachte und gemachte, kurzerhand samt und sonders übereignet, und diese sind nun in der schwäbischen Schwank- und Spottliteratur wie in einem Museum beisammen. Dieser Einbruch in unsere naive Welt war zu grob, als daß er hätte bei uns ohne Folgen bleiben können. Er veranlaßte das Schwabenvolk, den unliebsamen Leu-

mund an sich selbst, an Neigung, Gehabe und Rede nachzuprüfen, was zu Erkenntnissen und Entschlüssen führte.

Und es begann nun eine seltsame Kur: man sprach unter sich und vor Fremden offen über den Schwabenspott, erzählte und betrachtete die Berichte von den Schwabenstreichen, wodurch sie bei der dafür vorhandenen Begabung rund und saftig wurden. Man spielte so gewissermaßen sich selbst vor, sprang keck über den eigenen Schatten und hetzte den verwachsenen Kerl zu Tode — nicht, um die naive Natur zu verleugnen, sondern sie frei und zweckmäßig zu gebrauchen. So entstand ein neues, herzhaftes, seiner selbst sicheres Wesen; der wilde Schubart gehört noch zum alten, der maßvolle Uhland zum neuen Geschlecht; in dem Titanenkampfe Schillers vollzieht sich die Wandlung.

Freilich Schlacken sind geblieben, und die entsprechenden Schatten sind noch da. Noch lebt ein Stück der alten Eigenbrötelei und der selbstgefälligen Biedermeierei; es säße immer noch Jeder und Jede am liebsten allein in einem ummauerten Turm auf einem hohen Berg; immer noch wäre jedes Städtlein gerne reichsunmittelbar und niemand untertan; immer noch ist es höchstes Begehren eines Jeden, frei und unabhängig allzeit und allerorts das Recht der eigenen Persönlichkeit mit dem höchsten schwäbischen Trumpf, dem Leibwort Götzens von Berlichingen, ausspielen zu können.

Das Schrullige und das Eigensinnige wächst nach. Wenn wir zu der Geistigkeit der großen Männer, die ein guter Stern uns bescherte, die Schwabenstreiche nehmen, so haben wir ein Bild von der Art und der Möglichkeit unserer Menschen; der Hohenstaufenschwab und der Spätzlesschwab stecken uns im Blut und stecken unter einem Hut.

Sebastian Blau
Der Katzenjammer

Nach dem Erlöschen der Hohenstaufen, für deren universale Träume Himmel und Erde gerade genügt hätten, fielen die Schwaben ins andere Extrem: die Herrschaften und Herrschäftchen, die Reichsstädtlein und geistlichen Gebiete, in die sie nun das alte Herzogtum aufteilten, konnten nicht zahlreich genug, nicht klein genug sein. Und leider verengerte sich dabei nicht nur der geographische Horizont. Man war sich selbst genug und kapselte sich von dem, was draußen vorging, eigensinnig ab. Es war sozusagen der Katzenjammer auf den staufischen Weltrausch.

*

Ein rechter Schwab
wird nie ganz zahm!

Theodor Heuss
Zum Schwäbischen

Die Schwaben sind vielleicht der komplizierteste, gewiß der spannungsreichste unter den deutschen Stämmen. Schon sein politisches Schicksal hat merkwürdige und widerspruchsvolle Züge. In der hohen Zeit der staufischen, der schwäbischen Kaiser stand er für des Reiches Größe; ein Nachhall davon ist es wohl, daß durch die späteren Jahrhunderte in der Hand des schwäbischen »Kontingentes« die Reichssturmfahne blieb, das Recht und die Pflicht des Vorkampfes in den allgemeinen Kriegen. Aber das Stammesherzogtum verfiel; in seinem Gebiet, das mit Hügelland und Tal, mit Hochebene und eingeschnittenem Gewinkel eine sehr vielfältige Oberfläche zeigt, wucherten die zahllosen kleinen Hoheiten. Nirgendwo gab es so viele »Reichsunmittelbare« wie auf dem schwäbischen und dem benachbarten fränkischen Boden: Reichsgrafen, Reichsritter, Reichsabteien, Reichsstädte, ja Reichsdörfer. Man nannte dies Gebiet in der Zeit, als anderwärts die selbständigen größeren Territorialstaaten erstarkten, das »eigentliche Reich«. Und als dann nach 1803, durch Napoleon die durchgreifende Flurbereinigung auf der politischen Gemarkung erfolgte, fand sich das schwäbisch-alemannische Volkstum im Gebiet des werdenden deutschen

Bundes auf Württemberg, Bayern, Baden aufgeteilt; es sitzt aber auch in Vorarlberg, in der Schweiz, im Elsaß.

Fehlte dem Stamm die eigentlich politisch gestaltende Kraft? Dagegen spricht, daß aus seinem Boden die schicksalsbestimmenden Dynastien des deutschen Werdens hervorgingen: neben den Staufen ihre Gegenspieler, die Welfen, die aus dem oberschwäbischen Ravensburg über Bayern nach dem Norden kamen; die Zollern, aber auch die Habsburger aus dem Aargau, hatten ihre Stammburgen im gesamtschwäbischen Siedlungsraum.

Dagegen spricht auch die Kriegstüchtigkeit des Volkes, die der großen deutschen Geschichte tapfere Soldaten und bedeutende Führer schenkte, sobald ihre Aufgabe nun eben den provinzialen Bezirk der Kleinstaatenkämpfe verlassen hatte. Aber eben: der enge Bezirk mußte erst verlassen sein. Daß er, der Träger der Größe gewesen war, sich zur vielbedrängten Nachbarschaft des Kleinherrschaftsbetriebes verwandelte, war Folge einer zeitlichen Erschöpfung. Das politische Gesicht der späten Entwicklung bekam etwas Gespaltenes: der öffentliche Sinn blieb lebhaft, das ständische Wesen erhielt sich in dem Kernstück des württembergischen Grafen- und Herzogtums auch durch jene Jahrhunderte, da es sonst in Deutschland mit dem Erstarken des absolutistischen Territorialstaates zertreten oder abgestorben war. Man vermerkte im Schwäbischen, auf diese Sonderlage blickend, früher nicht ohne Genugtuung das Wort von Ch. J. Fox (1749—1806), dem redestarken Gegenspieler des jüngeren Pitt: nur zwei Staaten besäßen eine »richtige« Verfassung, England und — Württemberg. Diese war nun ganz sicher nicht ideal, aber ihr Vorhandensein hielt eine gewisse Polarität zwischen Staatsgewalt und Volkswillen lebendig. Den Nachruhm davon trugen Uhlands »Vaterländische Gedichte«, die Streitlieder für »das alte gute Recht«, das, bei Licht betrachtet, nicht mehr so sehr gut war, ins breitere Bewußtsein. Das ist ja nun längst Geschichte geworden, aber diese Vergangenheit hat auf eigentümliche Weise den bleibenden Volkscharakter mitgemodelt. Und dies: wenn das Land auch selber keine »große« Geschichte besessen hat, so gab doch ihre Eindringlichkeit den Hintergrund für jene die Heimat verlassende, das gemeindeutsche Wesen durchwirkende Macht jener Männer, ohne die nicht recht denkbar ist: das politische Drama Schillers, das staatliche Denken Hegels und die nationalwirtschaftliche Prophetie von Friedrich List. Sie haben, aus einer sehr schwäbischen Bedingtheit, wenn auch nicht als unmittelbar Handelnde, dichtend und denkend dem gesamtdeutschen Geist Elemente der Kraft und der Weite eingefügt.

Schwäbisch g'schwätzt

Alfred Weitnauer

Allerlei Schwaben

Es ist eine auch unter gebildeten Menschen verbreitete Meinung, Schwaben gebe es nur in Württemberg. Tatsächlich aber umfaßt der Stamm der Schwaben ein viel größeres Gebiet als es die politischen Grenzen des verhältnismäßig jungen Staates Württemberg umreißen. Es gibt jenseits der württembergischen Landesgrenzen noch viel schwäbisches Siedlungsgebiet mit Menschen von unverfälscht schwäbischem Schlag, die freilich zum Teil gar nicht wissen oder nicht wahrhaben wollen, daß sie Schwaben sind. Die Bewohner zwischen Iller und Lech, um Augsburg herum und im Ries sind zwar seit 1803 der Staatsangehörigkeit nach Bayern, dem Stamm nach aber sind sie so gute vollwertige Schwaben wie die am Neckar und an der Blau.

Man darf hier Staatsangehörigkeit nicht mit Stammeszugehörigkeit verwechseln. Staatsangehörigkeit ist eine amtliche und papierene Sache, etwas durchaus Politisches und damit weitgehend Willkürliches; Stammeszugehörigkeit aber ist etwas natürlich Gewachsenes, ist Erbe der Väter, ist etwas Echtes und Lebendiges. Die bayrischen Schwaben sind ein Zufallsprodukt der Politik, sie verdanken ihre Staatsangehörigkeit einer Laune Napoleons. Die Vorarlberger sind amtlich Österreicher und die Elsässer Franzosen. Das ändert jedoch nichts an der Tatsache, daß sowohl die alteingesessenen Vorarlberger wie die bodenständigen Elsässer der Herkunft und Abstammung nach reinrassige Schwaben sind.

Als besondere Delikatesse hat es übrigens bis vor wenigen Jahren auch noch preußische Schwaben gegeben. Das waren die Bewohner der Gebiete um Sigmaringen und in der Nähe von Lindau, die durch Erbfolge und Kauf an das Haus Hohenzollern gekommen waren.

Außer den württembergischen, bayrischen, preußischen, österreichischen und französischen Schwaben gibt es aber noch eine ganz besondere Schwabensorte, die wir uns eigens vornehmen wollen: die sogenannten Alemannen. Als solche bezeichnen sich die alteingesessenen Bewohner der deutschen Schweiz und die Bürger des badischen Musterländles im Schwarzwald und am Oberrhein. Daß letztere offiziell nichts mit den »Schwaben« zu tun haben wollen, hat man vor und nach der schmerzhaften Geburt des Südweststaats oft und deutlich zu hören bekommen. Die schwyzerischen Alemannen blasen ins gleiche Horn, denn die bei ihnen gebräuchliche Anrede »du Schwob!« oder gar »du chaiber Schwob« sollte nicht als Auszeichnung aufgefaßt werden.

Wir sagen es nicht gerne, aber es bleibt uns keine andere Wahl, wir müssen es sagen. Der deutschsprechende Teil der Schweizer Eidgenossen, die seit den Tagen des Rütlischwurs wahrscheinlich allmorgendlich Gott dafür danken, daß sie Alemannen sind und keine chaiben Schwaben, gehören ebenso zum Schwabenstamm wie die Badenser im Schwarzwald und am Oberrhein. Daß sie Schwaben sind, beweist nebst anderem die Tatsache, daß sie keine sein wollen.

*

Schwäbisch und Alemannisch

Natürlich unterscheiden sich »Schwaben« und »Alemannen« von einander, augenfällig freilich nicht; denn sie gehören abstammungsmäßig zusammen und haben im Grunde dieselben Tugenden und Untugenden.

Der »kleine Unterschied« liegt ausschließlich in der Sprache, in der Mundart und ist auf Anhieb »ohrenfällig«. Wenn wir Schwaben bösartig sein wollten, könnten wir den Alemannen unterstellen, sie seien sprachlich »zurückgeblieben«. Schließlich hinken sie uns im Hinblick auf die neuhochdeutsche Sprache, die schließlich auch ihre Hochsprache ist, seit Jahrhunderten um eine Lautverschiebung hinterdrein.

Zwei elementare Wörter seien hier als exemplarisch herausgestellt: Das *Haus* und das *Weib,* letzteres freilich ohne abfällige Bedeutung. So sagt der Alemanne (wie übrigens auch der Niederdeutsche!!) noch heute wie im Hochmittelalter *Hus* und *Wib.* In der deutschen Hoch- und Bühnensprache hingegen gilt *Haus* und *Waib.* Das Schwäbische aber liegt als *Hous* und *Weib* genau dazwischen. Dasselbe gilt für Wörter wie *Sau, Maus, bauen* bzw. *Zeit, weit, reiten, Weihnachten* u. a.

Eingesetzt hat diese Entwicklung im 13. Jahrhundert, als sich in den *oberdeutschen* Mundarten und damit auch im Schwäbischen — und zwar von Augsburg aus — die alten *i* und u zu ei und au verschoben.

Alfred Weitnauer faßt diese Entwicklung sehr treffend zusammen:

So wie man heute noch in der deutschsprachigen Schweiz, im Schwarzwald, am

34

Oberrhein, aber auch in den südlichen und westlichen Bergtälern des Allgäus, um Hindelang, Oberstdorf und Weiler spricht, hat man bis vor 500 Jahren im ganzen Schwabenland gesprochen. Das, was man heute als »alemannische Sprache« bezeichnet, ist nichts anderes als das stehengebliebene alte Schwäbisch, das Schwäbisch der Hohenstaufenzeit, das Schwäbisch der Minnesänger, jenes Schwäbisch, das vor 700 Jahren die Sprache des deutschen Kaiserhofs gewesen ist. Zu jener Zeit, als der Stamm der Schwaben nach einem alten Wort noch columna et fundamentum imperii, Säule und Fundament des Reiches war, hat man noch keinen Unterschied gekannt zwischen Alemannen und Schwaben. Erst später hat man Unterscheidungsmerkmale gesucht und mit Mühe gefunden, hat sich voneinander abgesondert, bis man zuletzt das Gemeinsame und Einigende nicht mehr sah über all den vielen trennenden Zäunen. Ein gemähtes Wiesle aber, wie man in Schwaben sagt, war für die »Alemannen«, die keine Schwaben mehr sein wollten, das Erscheinen der »Alemannischen Gedichte« von Johann Peter Hebel im Jahre 1803. Sie bildeten fortan die wissenschaftliche Legitimation für die alemannische Extrawurst.

So weit *Alfred Weitnauer.* — Natürlich gibt es noch viele leicht erkennbare sprachliche Unterschiede zwischen dem Schwäbischen und Alemannischen. Wer jedoch einen Schwaben am Stammtisch, auf dem Wochenmarkt, bei einem Vortrag oder im Funk mit Sicherheit identifizieren bzw. entlarven will, hat es sehr einfach. Er braucht bloß auf die genannten *Ou-* bzw. *Ei-*Laute zu achten. Diese altehrwürdigen Laute zugunsten des hochsprachlichen *Au* und *Ai* zu unterdrücken, grenzt nämlich für jeden ehrlichen Schwaben an Landesverrat!! Beispiele sind hier Persönlichkeiten wie Theodor Heuss, Gebhard Müller und Carlo Schmid. (Ich hoffe, sie haben die Einhaltung des parteipolitischen Proporzes bemerkt!!)

August Lämmle

Schwobespiagel

E Spatz, des ist koa Distelfenk
ond doch e Musikant —
's soll jeder pfeife, wia-r-er ka',
noh stemmts en Stadt ond Land.

Es schwätzet d'Leut em Boirische
ond wer aus Sachse-n-ist,
wia jedem ens Gottsname halt
dr Schnabel gwachse-n-ist.

's ist Jeder anders, als-r ist...,
's kommt bloß druf a', wia mr-n vertwischt,
ond do isch, wia bei älle Leut,
daß sotte ond au andre geit...

35

Friedrich Theodor Vischer

Schwäbisch und Schriftdeutsch

I. Wohl mir, daß ich im Land aufwuchs, wo die Sprache der Deutschen
    noch mit lebendigem Leib im Dialekte sich regt,
    Milch der Mutter noch trinkt, noch quellendes Wasser am Borne
    Vom Schulmeister noch nicht rektifiziertes Getränk.
    Immer, wo einer spricht, der nie gelebt in der Mundart,
    Hör' ich im oberen Ton einen didaktischen Klang.

II. Freue des Lobs dich nicht, mein biederer schwäbischer Vetter,
    Der du verwachsen blind im Dialekte noch steckst.
    Der du kokett-naiv vor fremden Ohren ihn bloßstellst:
    Dazu, gemütlicher Freund, ist er zu schlecht und zu — gut.
    Nicht versteht es die Welt, welch ungehobene Schätze
    Köstlichen, reinen Golds er noch im Schoße bewahrt.
    Draußen weiß man es nur, daß er nicht korrekt und modern ist,
    Und der Ironiker lacht über das lallende Kind.
    Daß ein Schnitzer ihm scheint, was organisch gut und naturvoll,
    Reicher und saftiger ist, wund're und ärg're dich nicht!
    Unrecht hat er, es sei, doch Recht auch hat er im Unrecht,
    Sieht er auch farblos hell, sieht er doch heller als du.
    Soll vom Besonderen heraus das Allgemeine sich bilden,
    Schwindet auch immer ein Teil Frische und Fülle dahin.
    Kennst du es ganz, das Gut, wenn in *einer* Sprache sich finden,
    Sich empfinden, verstehn sämtliche Stämme des Volks?
    Kennst du des Guten Wert? Er ist unendlich. Die Mundart
    Traulichem Lampenschein gleicht sie im wohnlichen Haus.
    Aber die Sprache, sie gleicht der Königlichen, der Sonne,
    Wie sie ins Offne hinaus Meere des Lichtes ergießt.

III. Also, Lieber, was folgt? Man befehle jeglichem Schwaben:
   Drei der Jahre hindurch sprichst du kein schwäbisches Wort!
Wenn dir eines entfällt, so trifft dich empfindliche Strafe:
   Etwa mit einer Mark werde die Silbe gebüßt!
Ist sie zu Ende, die Zeit, so bist du entlassen, und frei nun
   Stehst du, ein wählender Herr, über und im Dialekt,
Meidest, wo er nicht paßt, und sprichst ihn, wo er im Recht ist,
   Unter den Deinen, im Haus, in dem befreundeten Kreis,
Scheidest mit freiem Blick, was er hat, von dem, was er nicht hat.
   Scheuest vielleicht sogar einiges Studium nicht.
Nun erkennst du das Gold, das einst die Sprache zurückließ,
   Als sie aus Mundart Schoß langsam und schwer sich entband,
Hebst es mit sicherem Griff und rückst es kühnlich ins Licht vor,
   Wo die Sprache der Schrift Lücken und Blößen dir zeigt.
Jetzt Freund, bist *du* im Recht und magst des Kritikers lachen,
   Der von der Sprache nur weiß, wie es die Schule doziert.
Laß ihn stehen, den Kopf, der eine lebendige Sprache
   Vor der Bereicherung Glück hütet, als wäre sie tot.
Laß ihn stehen, er riecht ja nichts, er ist ja von Leder,
   Lederne Nase vernimmt nimmer den Hauch der Natur.

Sebastian Blau

Die trauten Laute

A'd Schwob'n ist dia Mahnong
   griicht —
wia wenns bei aos so ebbes brüücht!
Vo' aos ka' koar aus seire' Haut,
ma' bleibt bei seine »traute Laut«.

Was feng de schwäbische Eisebah'
mit »Waichen« statt mit Weiche'-n-a'?
En Ölscheich ond e' Vogelschaich
send nao' z Berlin enander »glaich«.
Et jede »Taub« bei aos ist »taob«,
ond Käs koa' »Keese«, mit Verlaub.
Ond wer statt Oa ond Oi sait »Ei«,
machts Fremde noch wia Bapegei.

37

Für »ö« ond »ü« ist aoser Maul,
des muaß e zuagea', oa'fach z faul.
Ond saist zo oare' »Gans« statt Ga's,
noh tuats viel schlemmer wia dur d Na's.
Ond was oar »ißt« ond was oar »ist«,
des hot noh nia' e' Schwob vermischt.

Ao wenn r no so s Maul verrenkt
ond d Zong zom Hochdeutsch-Schwätze'
  zwengt,
ma' haört em doch, ao wenn rs ka',
uf hondert Schritt de' Schwobe'-n-a'.
Ond tuat em Land oar domit graoß,
goht henterom e' Glächter laos.

Wenn omkehrt aosre »traute Laut«
e' fremds ond ao'gschickts Maul versaut,
noh wend mr narret ond verschnupft,
weils wia e' Gluf em Kisse stupft,
ond s ist e' Schand, daß überhaupt
so ebbes d Bolezei erlaubt.

Michel Buck

Mundart als kulturelles Erbe

Wenn ich bedenke, wie viel ich darum gäbe, ein auch nur 100 Jahre altes Wörterverzeichnis (natürlich aus Ertingen, altdeutsche habe ich genug) mit Angabe der Aussprache zu besitzen, so fühle ich mich nicht nur aufgemuntert, sondern gerade-

zu verpflichtet, die jetzige Redeweise zu Ertingen in Nachfolgendem sozusagen festzunageln, da die alte körnige Sprache anfängt sich abzuschleifen und mit der der umgebenden schon weiter der städtischen Aussprache sich nähernden der benachbarten Orte zu vermischen. Man trifft im Ertinger Schwäbischen manches alte Wort und um deswillen bin ich auch nicht davon abgestanden, selbst unanständige aufzunehmen, da diese dem Sprachforscher sind, was die pudenda eines nackten Leichnams für den Naturforscher, d. h. ein reiner Gegenstand seiner Forschung, den moralischen Nebengeschmack legt erst der Gewohnheitsmensch hinein, für welchen es im Grunde auch keine Forschung gibt.

Wolle Gott es fügen, daß dieses Buch einmal später einem deutschen Sprachforscher unter die Augen komme, das soll mich nach 300 Jahren noch im Grabe freuen.

Vorwort zum handschriftlichen
Wörterbuch der Ertinger Mundart
(um 1870)

Rudolf Weit

Mit Verlaub

Ja — dr Schwaob, sell därrst mr glaube,
dao kast sei fei, wer da bist —
ja — dr Schwaob, dear schwätzt
    halt gera,
wia sei Schnabel gwachse-n ist.

»Sodele!« sell hairt mr n sage,
hot r glücklich glegt sei Oi —
ob r dees sait zo ma n andre
oder gar zo sich alloi.

»Hoppla!« moint r ällig wieder,
wenn r gschwend drneabetappt.
»Heidenei!« r lobt sich selber,
falls am End hot ebbes klappt.

»Hotte!« hoißt fei: Jetz isch gange!
»Babbela!« ond nao isch aus...
Freile — s kommt zwor net bloß höflich
duschuhr aus seim Maulwerk raus.

»Z Donder!« guck — schao ist r narret!
Eah ma s denkt, dao wurd r grob.
»Heiligs Blechle!« aber merk dr
sell is schiergar noh e Lob.

Falls r wött sich nobel zoige —
knütz e weng, doch jo nia taub —
narr, dao sait r wia zom Posse:
»Mcine Herre — mit Verlaub«!

Heinz-Eugen Schramm

Schwäbisch für Reingeschmeckte

Heiligs Blechle
Hier handelt es sich in der Regel um einen
gemäßigten Fluch, um eine spontane
halbstarke Unmutsäußerung. Man ist
über irgend etwas verärgert oder gar ent-
rüstet. Ähnlich dem *Schwäbischen Gruß*
kann der Ausruf bisweilen aber auch Erstaunen und Verwunderung, ja sogar ehr-
liches Bedauern ausdrücken.
Welche der verschiedenen Spielarten gerade gepflegt wird, ist an Tonfall und Mi-
mik zu erkennen. Mit dem Zusatz »nomol« (= noch einmal) versehen — also

als »*heiligs Blechle, nomol!*« in den Raum gestellt —, ist immer Ungeduld und Unwillen dabei und Vorsicht am Platz.

Der Ausdruck selbst geht auf die mittelalterliche Armenfürsorge zurück. Wer eine von der Kirche — als der damaligen Wohlfahrtsinstitution — ausgegebene »*geheiligte*« *Blechmarke* vorzeigte, hatte ein Anrecht auf kostenlose Verköstigung, die zumeist aus Suppe und Brot bestand. — Da diese Armenverpflegung häufig recht dürftig und nicht selten zu wenig zum Leben und zuviel zum Sterben war, entwickelte sich das *heilige Blechle* nach und nach zu einem Fluch, einem gelinden freilich, wobei der ursprüngliche Sinngehalt verlorenging. — Als Autoaufkleber erfuhr es eine originelle »Renaissance«.

laufe’

Mit den schwäbischen Gangarten (auch per pedes gibt es Schritt, Trab und Galopp) ist das so eine Sache: Wenn Reingeschmeckte gehen, *laufet mir Schwobe’,* wenn jene laufen, *sprenget* oder *sauet mir,* und springen die anderen, so wird bei uns *gehopst.* Dabei ist zu berücksichtigen, daß der Schwabe von Natur aus insofern benachteiligt ist, als er *keine Beine,* sondern nur *Füaß’* hat, mit denen er freilich — wenn’s drauf ankommt — auch recht gut *fuaßle’* kann.

Natürlich können wir auch gehen — allerdings nur gezielt. *Mir ganget oimetswo* (= *irgendwo*) *na’* (hin), z. B. *heim* bzw. *fort* oder *weg* (entfernen uns), *nauf* (hinauf), *nonter* (hinunter), *naus* (hinaus), *nei’* (hinein), u. U. aber auch *ei’* oder *drauf* (hören auf zu existieren).

Draufgänger haben es da leichter, für sie ist alles *g’hopst wia g’spronge’!* Etwas widersinnig freilich ist es, wenn jemand durch den *Gang* (Flur) *lauft.*

schmecke’

Auch dieser Ausdruck führt durch Doppel- bzw. Zweideutigkeit häufig zu Mißverständnis: *Schmecke’* kann nämlich nicht nur wie in der Schriftsprache *gut munden* bedeuten, sondern auch *riechen* bzw. *stinken.* Was oder wer immer ein *G’schmäckle* an sich hat, ist verdächtig, bei Lebensmitteln so gut wie bei Mitmenschen.

Andererseits kann man aber auch auf den *G’schmack* kommen. Beim Wein z. B. führt das bei *gewiften* (von französisch vif = aufgeweckt, schlau) *Viertelesschlotzern* zu dem spontanen Schluß: *Bei dem* (Wein) *bleibet mr!*« Damit nicht genug, man kann auch selbst irgendwo *nei’-* oder *rei’schmecke’.* Der *Rei’gschmeckte* ist somit einer, der in unser Schwabenländle hereinriecht oder -schnuppert. Ob ihn die Schwaben dann allerdings »*schmecke’*« (= riechen, gut leiden) können, ist eine andere Frage und hängt zumeist von individuellen Zufälligkeiten ab.

Großen Anklang fand das Seminar »Schwäbisch für Reingeschmeckte«, das der Herausgeber im Auftrag des Bürger- und Verkehrsvereins — zehn Jahre lang — von Oktober 1971 bis März 1981 im Winterhalbjahr jeweils einmal im Monat in einer Tübinger Altstadtweinstube abhielt.

So, und nun nach dieser exemplarischen Lektion hoffe ich, daß der folgende scheinbar widersinnige Lehrsatz auch von Nichtschwaben verstanden wird:
Ons Schwobe' schmeckt d'Wurst bloß, wenn se net schmeckt; wen se schmeckt, schmeckt se ons net!
Für Anfänger sei trotzdem eine Übersetzung angefügt:

Uns Schwaben schmeckt die Wurst nur, wenn sie nicht riecht (stinkt); wenn sie riecht, schmeckt sie uns nicht.

lupfe'
Wie beim Gehen, Laufen und Springen gibt es beim *Lupfe'* immer wieder Mißverständnisse. Was der Reingeschmeckte *hebt,* das *lupft* der Schwabe, und woran

41

sich der Schwabe *hebt,* daran *hält* sich der Reingeschmeckte.

Wir Schwaben *lupfen* z. B. einen Koffer ins Gepäcknetz, nach der Schriftsprache müßten wir ihn *hochheben;* andererseits *heben* wir uns am Treppengeländer, damit wir den *Halt* nicht verlieren, während sich der Reingeschmeckte von vornherein daran *festhält.*

So kann es gefährlich werden, wenn eine fensterputzende schwäbische Hausfrau ihrem norddeutschen Untermieter zuruft, er möge die ins Schwanken geratene Bockleiter, auf der sie gerade steht, *gschwend hebe'.* Wenn er die Leiter dann nicht, wie es gemeint ist, *festhält,* sondern anhebt und damit *lupft,* ist das Unglück da. Bei einem guten Viertele freilich ist es unerheblich, ob man sein Glas *lupft* (= hebt) oder *hebt* (= festhält).

Wenn sich der Schwabe *verlupft,* mutet er sich zuviel zu und muß u. U. mit einem Leistenbruch rechnen. Wenn er etwas *verhebt,* eine grobe Bemerkung etwa oder einen — Furz, so hält er sich zurück. Fehlt ihm diese Zurückhaltung, so ist ihm und den anderen auch nicht mehr zu helfen!

Doch bevor ich zu diesem Thema meinen *Huat lupf,* noch eine hintersinnige Dreingabe:

Wenn ein Mädchen seinen Rock *hebt* (= festhält), damit ihn der Wind nicht *lupft* (= hochhebt), so grenzt das ans Paradoxe!

Sebastian Blau

St. Nepomuk

En Raoteburg stoht uf dr Bruck
e Heiliger Sankt Nepomuk.
Komm, so pressant hosch s ete,
mr wend gschwend zuan-n-em bette:

»O Heiliger Sankt Nepomuk,
bewahr me ao vor Schade
beim Schwemme-n-ond beim Bade;
gib uf dr Necker acht ond guck,
daß dren koa Ga's ond Geit versauft,
ond daß r jo et überlauft,
et daß r
mit seim Wasser
de Weag en d Stadt ond d Häuser nemmt,
ond aos de Wei em Kear romschwemmt.
O Heiliger Sankt Nepomuk,
do tätest aos en baöse Duck!

Ond loht se halt
mit äller Gwalt
s Hochwasser et verklemme,
noh hao en Ei'seah, guater Ma'
ond fang mit überschwemme
e bißle weiter donne a':
dia Goge nemmet's et so gnau,
en deane ihren saure Wei
därf wohl e bißle Wasser nei
— ond evangelisch send se au...«

42

Heinz-Eugen Schramm

Zweierlei Gesangbücher

Wie anderswo gibt es auch im Schwäbischen zweierlei Gesangbücher: evangelische und katholische. Selbst im Zeitalter der ökonomisch wirkenden Ökumene spielen diese noch immer eine oftmals schicksalhafte Rolle. Man spricht hier auch vom *falsche' G'sangbuach,* das jemand hat. Das jeweils *richtige,* d. h. *gleiche Gesangbuach* zu haben, kann jedenfalls nie schaden — beim Heiraten so wenig wie bei der beruflichen oder gesellschaftlichen Karriere!

Dabei ist es eine ausschließlich schwäbische Besonderheit, daß man seinem zufälligen Gegenüber, sofern dieses alteingesessen ist, schon nach kurzer Bekanntschaft sein konfessionelles Glaubensbekenntnis entlocken kann. Man braucht nur ganz beiläufig auf Schule oder Kirche zu sprechen kommen, und schon weiß man, wo man dran ist: Artikuliert der andere das Wort *Lehrer* mit geschlossenem e, wie es die neuhochdeutsche Schrift- und Bühnensprache vorschreibt, so ist er katholisch, sagt er aber mehr oder weniger breit *Lährer,* so sind seine Vorfahren irgendwann zum Protestantismus übergetreten. Dasselbe gilt für *Beten, Ehre, Leben, Seele* und *Segen.*

Es ist unbestreitbar, daß die schwäbischen Katholiken diese für den religiösen Bereich fundamentalen Ausdrücke lautgeschichtlich richtig aussprechen. Es fragt sich also, woher die vom Mittelhochdeutschen zum Neuhochdeutschen sprachlich ungesetzmäßigen Ä-Laute kommen.

Ich bin kein Kirchengeschichtler, und es wird auch kaum möglich sein, solche sprachlichen »Mutationen« dokumentarisch nachzuweisen. Tonbänder gab es in der Zeit nach der Reformation schließlich noch nicht. Historisch belegt ist jedoch, daß sich nach der Einführung des Protestantismus in Württemberg durch die Herzöge Ulrich und Christoph die meisten schwäbischen Geistlichen konservativ verhielten und nicht zur neuen Lehre übertraten. Sie wechselten vielmehr in katholisch gebliebene Territorien über mit dem Ergebnis, daß es um Stuttgart, Tübingen und Urach herum zunächst allenthalben an Seelsorgern fehlte.

Was lag da für den Württembergischen Landesvater näher, als solche von Glaubensgenossen nördlich der Mainlinie, von protestantischen Fürsten aus Thüringen und Sachsen z. B., zu erbitten? Schließlich verfügte man über den Humanisten *Philipp Melanchthon* (1497—1560), der es am Tübinger Stift zum Magister gebracht hatte und als enger Freund Luthers in Wittenberg wirkte, über beste Beziehungen.

Diese herbeigerufenen »hereingeschmeckten« Pastoren aber verkündeten von der Kanzel in ihrer Mundart die neue *Lähre*. Eine verbindliche deutsche Schriftsprache war ja erst im Entstehen. Sie predigten also zu Gottes *Ähre* vom ewigen *Läben* und von der unsterblichen *Säle* und gaben den Gläubigen nach dem *Gebät* ihren *Sägen* dazu.

Über die protestantischen Predigerseminare wurde so eine *schwäbisch-evangelische »Lautverschiebung«* ausgelöst, die — bis in unser Jahrhundert hinein durch Konfessionsschulen gestützt — in der mittleren und älteren Generation bis heute nachwirkt.

Und noch eines: Die ehemals altwürttembergische Universitätsstadt *Tübingen* mit dem evangelischen Stift als protestantischer Hochburg liegt von der ehemals vorderösterreichisch-hohenbergischen Bischofsstadt *Rottenburg* nur zehn Kilometer entfernt. Dazwischen liegt eine lautgeschichtlich politisch und konfessionell zumindest gestützte Mundartgrenze. — Jederzeit nachprüfbar ist, daß die Tübinger Hausfrauen *aus Woize'meahl Spätzle'* machen, die Rottenburgerinnen dagegen *Spätzlen aus Woaze'meahl*. Hüben sagt man tagsdarauf, man sei wieder einmal so richtig satt *gwea* (= gewesen), drüben ist man satt *gsai* (vom mittelhochdeutschen gesin, das wir noch heute im Südschwarzwald, in der Schweiz und im Elsaß als *gsi* finden).

Damit nicht genug, diese Mundartgrenze, die lange Zeit auch für die ehemaligen Oberämter Tübingen und Rottenburg galt, war bis in die dreißiger Jahre unseres Jahrhunderts hinein je nach Wetter sogar sichtbar: Wo die Bauernweiber auf den Feldern *weiße Kopftücher* trugen, befand man sich auf evangelischer, wo sie *schwarze* umgebunden hatten, auf katholischer Gemarkung.

Wen mag es da noch wundern, daß es im Schwäbischen auch *konfessionelles* Gebäck gibt?! Da ißt man doch im katholischen Oberschwaben das auf den »Seelenwecken« zurückgehende *länglich-spitzigknusprige und mit Salz und Kümmel bestreute Seele*. Im altwürttembergisch-evangelischen Bereich dagegen hält man sich dafür um so entschiedener an das *rundlich-ovale und mit Zuckerguß glasierte süße Säle*. — Aber diese Gegensätze sind natürlich rein zufällig!

*

Bei uns heißt's:
Lutherisch ist guat lebe'
   ond katholisch guat sterbe'.

Mücken und Bremsen

Ein Erntewagen schwankte schwer beladen dem Dorf zu. Vorne beim Kuhgespann der Bauer, hinter dem Wagen folgte der junge Erntehelfer aus dem Rheinland. Es ging einen ziemlich steilen Abhang hinunter, und da rief der Bauer: »*Micken*« — Der Helfer eilte nach vorne, verstand nicht. — »*Micken!*« wiederholte der Bauer, derweil der Wagen mehr und mehr ins Rollen kam, die Kühe kaum mehr zu halten waren. »*Micken! Micken! Himmeldonnerwetter!*« schrie der Bauer verzweifelt. — Da ging dem Helfer ein Licht auf. Mit schnellen Schritten war er bei den Kühen, und wo sich eine *Mücke* zeigte, schlug er mit dem Taschentuch zu, vertrieb er diese lästigen Quälgeister. —

Machen wir's kurz. Glück muß man haben. Es ging noch einmal gut ab. Der Wagen kam unten zum Stehen. Mensch und Tier verschnauften schweißtriefend. — Wortlos ging der Bauer nach hinten, drehte die *Bremskurbel* und erklärte dem erschöpften Helfer, was man auf der Schwäbischen Alb unter »*Micken*« versteht. — Hätten Sie doch gerufen: »*Bremsen*«, versuchte sich der Erntehelfer zu rechtfertigen. — »Gschwätz, domms«, gab der Bauer zurück, »mit deim wilde Gefuchtel host se doch älle verjagt, dia *Bremse'*.«

Bei uns heißt's:
Do hot mei' Vatter gmickt
  ond do mick au i —
  ond wenn's de Buckel nufgoht!

*

Wendelin Überzwerch

D Welt ist kloi

D Welt ist kloi — ond Schwobe fendst
bis en ihre letzte Wenkel;
wohnt dr Ähne no en Ulm —
en Chicago sitzt dr Enkel.

D Welt ist kloi — ond schwäbisch Gwerk
triffst en Rio ond Messina;
was dr Bosch en Stuagert schafft,
kaufet se sogar en China!

Schwarzwald-Uhre, Trikott-War
von dr Alb hot überall Konde,
ond de Spruch vom alte Götz
kennt mr au en Kapstadt onte!

D Wäge vom Mercedes-Benz
tent d Japaner au gern steure,
ond s Cannstatter Volksfest, jo,
tent se en New-York au feire!

Spätzle mag mr au am Nil
ond am Ganges Lauge-Weckle;

45

wenn d e Gspusi host en Rom,
trägt s vielleicht e Bleyle-Röckle!

D Welt ist kloi — mit Schwäbisch ka'st
jede fremde Sproch ersetze —.
bloß en manchem Amt drhoim,
Landsma, do muaßt hochdeutsch
    schwätze! ·

Dreierlei schwäbisch

Nicht desto trotz ist es eine Besonderheit
der Schwaben, daß sie ohne Rücksicht auf
Bildungsstand und gesellschaftliche Posi-
tion allesamt schwäbeln.
Da ist zunächst die noch mehr oder weniger grobschlächtige Bauernsprache auf
dem »Land«, dann das vom Schriftdeut-
schen »angekränkelte« Umgangsschwä-
bisch in der Stadt, das der Verständigung
beim Einkauf, auf dem Bahnhof, in den

Amtsstuben usw. dient, und schließlich
das sogenannte »Honoratiorenschwäbisch«. Diese etwas gezierte Gebildeten-
sprache kennzeichnet der geradezu klas-
sisch gewordene Ausspruch des Tübinger
Universitätsprofessors *Köstlin:* »Das
Schenschte in der blaschtischen Kunscht
ischt der Bruschtkaschten der Fenus von
Milo. —« — Nicht minder eindrucksvoll
ist es für einen Nichtschwaben, wenn er in
einer Weinstube am Nebentisch zwei ge-
standene Männer, denen man den »*Gstu-
dierten*« schon von weitem ansieht, mit
der »Fene'mene'logie vom Hegel, dem
Deng an sich ond dem ganze' philosophi-
sche' Lohkäs« um sich schmeißen hört.
Als »Honoratiorenschwäbisch« einzuordnen sind nicht zuletzt die bekannten
Häberle- und *Pfleiderer-*Szenen mit *Oscar
Heiler* und *Willy Reichert.*

Minderwertigkeitskomplexe?

Daß sich der Niedergang des Hohenstau-
fengeschlechts bis heute auf die Einschät-
zung unserer schwäbischen Mundart aus-
wirkt, mag verwegen klingen. Sei's drum!
Das Renommee unserer Mundart ist bei
den einzelnen Gesellschaftsschichten —
bei aller Liebe zum heimischen Idiom —
recht unterschiedlich.
»Schwätz net so wüast!« sagt die gebildet

46

sein wollende Mutter zu ihrem Sprößling, wenn er auf der Gaß einen etwas deftigen Ausdruck aufgeschnappt hat oder »breiter« schwätzt als sie selbst. So gilt der unverfälschte bäuerliche Dialekt in städtischem Umkreis vielfach noch immer als unfein und anstößig. Der Unterschied zwischen derb und unanständig wird häufig nicht erfaßt, was zu Fehleinschätzungen führt. Dieses Vorurteil bewirkt, daß Schwaben mit Minderwertigkeitskomplexen — auch das soll es geben! — gleichgültig welcher Gesellschaftsschicht sie angehören — glauben »gebildeter« zu sein bzw. zu erscheinen, wenn sie auch im Alltag »feiner, schöner«, also der Schriftsprache näher sprechen und damit mehr oder weniger geziert, anstatt frei darauflos zu schwätzen.

Die überkommene Mundart wird also zumindest von einem Teil der schwäbischen Bevölkerung noch immer nicht ganz voll genommen, jedenfalls genießt sie allenthalben nicht die Wertschätzung wie im alemannischen oder auch niederdeutschen Raum. Verhältnisse wie wir sie an der Wasserkante antreffen, wo heute noch zahlreiche Pastoren plattdeutsch predigen und im Gottesdienst ein plattdeutsches Kirchengesangbuch aufliegt, sind bei uns undenkbar. Dasselbe gilt für die mit Hackbrett und Zither begleitete Wäldlermesse im Bayerischen Wald. Vor allem im »alemannischen« Raum steht die Mundart

weit höher im Kurs als bei uns. In der Schweiz, aber auch im südbadischen Bereich kommt der Mundart im öffentlichen Leben — in Amtsstuben wie in Vortragsveranstaltungen und in Presse und Funk zumindest halbamtliche Geltung zu. Dabei gehen wir sicher nicht fehl, wenn wir die günstigeren Verhältnisse im Süden und Norden des deutschen Sprachraums mit einem dort ausgeprägteren Zusammengehörigkeitsgefühl und mit einer Art Abwehrstellung gegenüber fremden Kulturen und Sprachen in Zusammenhang bringen.

In neuerer Zeit hat es im Schwabenland nicht an Versuchen gefehlt, diese Scharte auszuwetzen. So wird heutzutage vereinzelt und versuchsweise selbst in evangelischen Gottesdiensten schwäbisch gepredigt, auch ist eine Tonkassette mit biblischen Gleichnissen in schwäbischer Mundart im Handel.

Alternative Holzwege

Ganz allgemein aufschlußreich ist, welche Wandlungen die durch Publikationen und Aktivitäten in der Öffentlichkeit propagierte Einstellung zur schwäbischen Mundart in weniger als 20 Jahren erfahren hat.

So galt es noch in den 60er Jahren bei

47

fortschrittlichen Pädagogen, Soziologen und Psychologen — sogar Germanisten waren dabei!! — als wissenschaftlich und gesellschaftspolitisch geboten, die Mundart als eine dem beruflichen und gesellschaftlichen Aufstieg der Jugend hemmende Barriere zu verteufeln.

Kurz darauf freilich entdeckte man — offensichtlich zum eigenen Erstaunen — daß sich die schwäbische Mundart nichts desto trotz sehr publikumswirksam auch parteipolitisch einsetzen läßt.

Und schließlich huldigte man einem selbstgerechten »Mundartkönig«, indem man den schwäbischen Dialekt in überregionalen »Mundartwochen« nachgerade zum Stilmittel innerdeutscher, ja sogar internationaler (!) Verständigung und Solidarität erhob. Von Heimat und Volkstum — solch veraltet konservativen Begriffen — war dabei natürlich nicht die Rede. Ja, man kreierte allen Ernstes sogar eine »neue« Mundart mit verbindlicher Einheitsschreibweise. Daß diese selbst für Schwaben absolut unleserlich ist, was tut's!?

Tröstlich dabei ist, daß sich unsere überkommene schwäbische Mundart als elementares und sich ständig erneuerndes Kulturgut nicht von neunmalgescheiten Managern oder in angloamerikanischem »Sound« plärrenden sogenannten »Liedermachern« umkrempeln läßt. *Mundart bleibt Mundart!*

Sebastian Blau

Geschriebenes Schwäbisch

Die geschriebene Mundart kennt keine musikalischen Zeichen, sie kennt nicht einmal ein einheitliches orthographisches System. Jeder Dialektschreibende schreibt sie nach seiner Fasson. Die meine, die um der Verständlichkeit willen das schriftdeutsche Bild der Wörter so weit wie möglich zu wahren sucht, dürfte dem Leser aus meinen früheren Gedichtbüchern vertraut sein. Und weil das Schwäbische sowohl seiner Lautung wie seinem Wortschatz nach und erst recht hinsichtlich seiner Sprechmelodie noch verschiedener ist als die verschiedenen Landschaften unseres Landes, läßt sich an eine allgemeingültige Schreibweise nicht einmal denken. Denn *das* Schwäbische gibt es nicht. Es sei denn, unsere Mundart mit ihren geographisch, historisch, konfessionell und oft überhaupt nicht erklärbaren Unterschieden bekäme auf ihre alten Tage hin noch eine »Schwäbische Akademie« — was kaum zu befürchten ist —, die von oben herab wie die »Académie Francaise« statuierte, was für richtig und was für falsch zu gelten habe.

Heinz-Eugen Schramm
Ha so ebbes!

Jetz glaub-es bald selber:
  e Duppel ben i,
e Duppel, i komm net
  drom nom!
I hao' mr en Knopf
  en mei' Sacktuach nei'gmacht,
Doch moinst au, i wiß noh
  worom?

E Britt vor-em Kopf
  ond em Sacktuach en Knopf?
Dabei hao'-n-es vorher
  noh gwüßt!
Dr Teufel hot s gseah,
  daß mr ausgrechnet des,
grad des, was mr gwüßt hot,
  vergißt!

Sebastian Blau
Modeerscheinungen

Dialektgedichte sind in Mode gekommen. Leider, ist man zu sagen versucht. — Wenn so viele der heutzutage veröffentlichten einem anspruchsvolleren Liebhaber den Geschmack am ganzen Genre verleiden, so hat das tiefere Ursachen als etwa mangelnde poetische Begabung ihrer Verfasser oder unzulängliche Kenntnis der Mundart. In einer seit Großvaters Zeiten völlig veränderten und sich rapid weiter verwandelnden Welt kann auch die Mundart kein umzäuntes, sorglich gehegtes, idyllisches Gärtlein mehr bleiben. Auch Worte und Wörter sterben, wenn es die Dinge, für die sie stehen, nicht mehr gibt und dafür Neues einbricht. So ist auch die Mundart auf dem schlechtesten Weg, zu einem Allerwelts-Jargon zu werden, das heißt: die spezifische Erlebnis- und Ausdrucksweise ihrer Welt dem allgemeinen Trend der Zeit anzupassen. Man mag diesen Einbruch bedauern und beklagen, wenn man ein Romantiker ist, aufhalten läßt sich die Entwicklung nicht. Damit soll stümperhaftem, formlosen Gestammel nicht das Wort geredet werden, und schon gar nicht der Banalität umgangssprachlich gefärbter Ausdrucksweise für Zwecke, die mit Dichtung nichts und mit unverfälschtem Dialekt noch weniger zu tun haben. Schlechte Prosa, und gibt sie sich noch so progressiv, wird auch dann nicht zum Gedicht, wenn man sie in Verszeilen drucken läßt.

49

Schaffe', spare', Häusle' baue'!

Wenn Sie mich als Herausgeber fragen, so halte ich diese auf uns Schwaben gezielte Be- bzw. Verurteilung für viel zu pauschal und für »saublöd« überdies.

Gewiß, wir Schwaben sind recht arbeitsam und auch fleißig, ja, wir sind für andere beneidenswert erfinderisch und dabei auch noch erfolgreich. Daß wir unnötige Ausgaben scheuen, ist aber kein Grund, uns als notorische Geizhälse zu verleumden bzw. zu »deutschen Schotten« abzustempeln. (Anmerkung: Nichts gegen die Schotten — ihren Dudelsack und ihren Whisky!)

Eduard Mörike

Guter Rat
an seine Tochter Fanny

Sparsamkeit ist eine Tugend,
Während Geiz ein Laster ist,
Ach, daß unsere heutge Jugend
Dieses gar zu leicht vergißt!
Liebes Kind, ich bitt dich drum,
Eh du einen Kreuzer ausgibst,

Dreh ihn zweimal, — einen Groschen
Sechsmal in der Hand herum!
Solches rät dir dein Berater,
Freund und stets getreuer Vater!

Aus dem schwäbischen Spruchbeutel

Arbeit adelt — i bleib guat bürgerlich.

Arbeit macht's Leabe süaß:
    I mag de süaße Sache' net.

's Schaffe' ist-en Ärbet,
    mr muaß selber dabei sei'.

Wenn d'Ärbet alloi reich mache' tät, wär
    dr Ochs reicher wia dr Bauer.

Wenn's Schaffe leicht wär,
    tät's dr Schultes selber.

So möcht i au schaffe' könne'
    wia ihr vespere'.

Wenn i morgets d'Hose' a'zoge han, han i
    scho gnuag gschafft.

50

We-mr no gsond ist ond guate Schuah hot, daß mr dr Ärbet davo'laufe ka'.

E'me Zuagucker ist koi Ärbet z'viel.

Morge ist au no e Tag, wo mr nix doe' ka'!

De'st e Wetter für meine Knecht, schaffet se net, noh friaret se recht.

Gott erhalt mir mei' Gsondheit ond meim Weib sei' Arbeitskraft!

Liaber reich ond gsond wia arm ond krank.

Am Verdiene' ist noh koiner z'Grond gange'.

Nix ist omesonst, we-mr dafür zahlt wird.

Do ist guat Gaul sei', de Wenter loht-er sich durchfuattere', ond em Frühjohr legt-er sich na' ond verreckt.

Des gschieht meire' Muatter reacht, daß mi's en d'Fenger friart, worom hot se mr koine Händschich kauft!?

Gstohles Bese'reis gibt billige Bese'.

Schenke' ka-n-i dir's leider net, sonst ka'st koin Skonto meh abziage'!

Onter oiner Mark därf's koste', was will!

Laß mi meine Küachle' en deim Schmalz bache', noh därfst du dein Speck en meim Kraut koche'!

Bloß wa mr echt verklemmt, ist gspart.

Mit voole Hose' ist guat stenke'!

Wenn's obedingt sei' muaß, noh kommet halt rei'!

Kommet halt noch-em Kaffee, noh könnet-er bis zom Nachtesse' wieder fort sei'.

Bsuach he-mr gern, solang-er d'Schuah net ausziagt.

Oms Sach wär' mr's net, aber om d'Omständ.

E Onkel, wo ebbes mitbrengt, ist besser wia e Tante, wo Klavier spielt.

Nebenbei bemerkt
hat der zuletzt zitierte Spruch den Herausgeber ganz schön in Verlegenheit gebracht. Bekam er doch von einem renommierten Tübinger Reingeschmeckten im März 1981 einen Brief folgenden Wortlauts:

»... der Zeitungsbericht über das Abschlußseminar (Vgl. S. 41) hat mich in Verwirrung gebracht. Steht da doch schwarz auf weiß, *Dr. Heinz Krämer* vom Stuttgarter Staatsministerium habe dem Seminarleiter *Dr. Schramm* im Auftrag des Ministerpräsidenten ein Präsent in die Hand gedrückt nach dem *schwäbischen* Motto: *»A Onkel, der ebbes mitbringt, isch besser als e Tante, wo Klavier spielt.«* — Seit vielen Jahren war es mir eine Binsenwahrheit, daß dies ein Spruch von *Wilhelm Busch* sei, wenn auch natürlich in hochdeutscher Sprache. Ich glaube, so stand es auf einem Kalenderblatt. — Wie ist's nun wirklich?...«

Nun zunächst sei *Dr.Otto von Vacano* — so heißt nämlich der aufmerksame Zeitungsleser — auch an dieser Stelle saumäßig herzlich bedankt. Schließlich haben wir Schwaben es ja nicht unbedingt nötig, uns mit fremden Federn zu schmücken! Trotzdem ist in einer einschlägigen Zitatensammlung unter O = ONKEL zu lesen:

»Ein Onkel, der Gutes mitbringt, ist besser als eine Tante, die bloß Klavier spielt.
Wilhelm Busch«

Da haben wir also die Bescherung! Und man könnte versucht sein, zu sagen: »Was geht mich das saudumme Geschwätz des Stuttgarter Staatsministeriums an?!« — Daß wir davon absehen, ist

neben anderem (!!) auf die Erkenntnis zurückzuführen, daß es sich bei dieser Spruchweisheit zweifellos um eine *allgemeindeutsche* Erfahrung handelt, deren Formulierung jedem »Volksstamm« überlassen bleibt. Auf jeden Fall dürfte es sich erübrigen, hier »Erstgeburtsrechte« anzumelden. — Honorar läßt sich daraus ja ohnehin keines mehr schlagen! Dabei sei es dem Leser anheimgestellt, ob er den letzten Satz als »typisch schwäbisch« einstuft oder nicht.

Doch nun eine Geschichte, die zeigt, daß die *»schwäbische Sparsamkeit«* durchaus kein »Privileg« der ärmeren Volksschichten war und ist. — Die Geschichte spielt am Tag der Taufe ihres Verfassers Karl Götz, wobei zum besseren Verständnis angemerkt sei, daß es sich bei dem an dieser Taufe teilnehmenden Herrn Kommerzienrat um einen wohlhabenden schwäbischen Unternehmer handelt, bei dem der Vater des Täuflings als Schlossermeister tätig war:

Karl Götz

Die Kragenknöpfe

Mit den Kragenknöpfen war das nun seinerzeit gar nicht so einfach. Man brauchte einen vorn und einen hinten hinein. Denn der gestreifte Kragen durfte sich weder vorn noch hinten von dem Hemd lösen und in die Höhe gehen. Das vordere Knöpflein hatte eine lange, verdickte, feststehende Spitze, die man durch vier Knopflöcher drücken mußte, zwei am Hemd und zwei am Kragen. Und diese Knopflöcher waren nicht selten durch die Hemdenstärke fast undurchdringlich gemacht. Der hintere Kragenknopf war komplizierter. Er mußte flacher sein, wenn er einen nicht sehr lästig ins Genick drücken sollte. Er hatte zwei umklappbare kleine Bogen, die, zusammengeklappt und zum Knopf senkrecht stehend, leicht durch Hemd und Kragen gingen — hinten nur durch zwei Löcher. Nachher klappte man sie wieder um, so daß sie nun wieder waagrecht zum Knopfrund lagen, so weit von diesem entfernt, als eben Hemd- und Kragenstoff nötig machten.

Ist es nicht ein Zeichen für den stürmischen Fortschritt unseres Jahrhunderts, für die unerhörte Entwicklung der Technik und für den Wandel aller Dinge, daß nun schon fast eine zweite Generation heranwächst, in der die wenigsten noch etwas von Kragenknöpfen wissen?

Es mag sein, daß den Vater, der in manchem einen rebellischen Sinn hatte, diese kleinen Dinger, die ihm fast unter den Fingern zerbrachen, schon immer geärgert hatten. Mag sogar sein, daß sie der Grund für seinen schönen Bart waren. Auf alle Fälle war nun am Täufemorgen

kein Kragenknöpfle im Haus. Das sei nicht schlimm, sagte die Mutter. Das Mädle könne doch geschwind hinüberlaufen in die Villa und der Lina leis am Küchenfenster klopfen. Vielleicht, daß sie wisse, wo der Herr Kommerzienrat seine Kragenknöpfle habe, der habe gewiß genug davon. Und da war sie auch schon zur Tür hinaus. »Daß aber bloß der Herr nichts merkt!« rief der Vater nach.

Nun, der Herr merkte nichts. Die Schwester kam schon nach ein paar Minuten wieder und hielt in der offenen Hand zwei Kragenknöpfe, eines vorn und eines hinten hinein. Beide waren sie nicht aus Gold, sondern von der billigsten Sorte, die es zu kaufen gab, denn der Kommerzienrat war jedem unnötigen Aufwand abhold. Der Vater plagte sich nun eine Weile unter seinem Bart an seinem Kragen herum. Er schnaufte dabei ein paarmal tief und hörbar auf, bis das Zeug dann halbwegs saß. Indessen habe mich, so hat mir die Schwester später erzählt, die Mutter aus dem Korb genommen, weich in ihren Arm gebettet, sei an den Tisch gesessen und habe das Gesangbuch aufgeschlagen. »Nicht, daß wir vor lauter Kragenknöpfle den Morgensegen vergessen«, habe sie gesagt und, als der Vater auch am Tisch gesessen sei, mit ihrer weichen und warmen Stimme das alte Tauflied gelesen:

Ich bitt, laß dir befohlen sein,
ach lieber Herr, dies Kindelein;
behüte es vor allem Leid
und alle in der Christenheit.

Der Vater faltete die Hände nie so richtig.
Mag sein, daß ihm dies zu fromm vorgekommen wäre. Kann auch sein, daß er
seine groben und harten Finger gar nicht
so recht hätte ineinanderschieben können.
Er legte aber immer unter dem Tisch die
eine Hand auf die andere und tat sie auch
nie weg, bevor die Mutter nicht Amen gesagt hatte. An jenem Morgen aber habe er
die Hand ein paarmal heraufgetan und sei
sich mit Zeige- und Mittelfinger der rechten Hand zwischen Kragen und Hals hin-
eingefahren. Und dabei habe er das Gesicht merkwürdig verzogen.

Er hat dann der Mutter noch Holz aus
dem Holzschuppen in die Küche getragen,
hat im Keller die Bierflaschen gezählt, ob
auch genug im Haus seien, wenn die Leute kamen, und dergleichen mehr, was ein
Mann eben so tut, wenn es ihm ein wenig
anders zumute ist und wenn er das nicht
jedermann merken lassen möchte.

Als er sich unter der Haustür gerade
bückte und seinen Walde hinter den Ohren kraulte, weil der zu bellen angefangen
hatte, kam der Herr Kommerzienrat die
Treppe herauf. Er solle nicht erschrecken,
sagte der stattliche Mann, der wie er einen
schönen, sehr gepflegten Bart trug, er sei

in einer gspäßigen Verlegenheit. Er finde
seine verflixten Kragenknöpfe nicht. Vielleicht daß er ihm aushelfen könne, damit
er in einer halben Stunde in geziemender
Feierlichkeit mit am Taufstein stehen
könne.

Es hat mir nie jemand sagen können, was
der Vater da für ein Gesicht hingemacht
hat. Nur was der Herr Kommerzienrat
auf seine Verlegenheit hin gesagt hat,
weiß ich, da es die Familienüberlieferung
festgehalten hat: Dann sei es gerade recht,
dann brauche er den Gipsverband nicht
um seinen Hals zu tun, er werde dann
eben seinen seidenen Schal so herumle-
gen, daß niemand etwas merke. Es werde
ihm so das Singen leichter fallen.

So kam es, daß der Vater dann in der Kirche mit Kragen und Krawatte am Taufstein stand, einen roten Kopf hatte und
beim Singen keinen Ton herausbrachte,
obwohl er gern und kräftig sang, der Fa-
brikherr dagegen, den noch nie jemand
hatte singen hören, mit vergnügter Miene
in das Schlußlied einstimmte, in einer anderen Tonart und vielleicht auch nach einer anderen Melodie, wenn man das, was
er sang, überhaupt eine Melodie nennen
konnte. Aber was schadete das!

Vor der Kirche wartete der Kutscher mit
der Galachaise, die über und über mit
Blumen und Zweigen geschmückt war.
Die Mutter setzte sich neben die Frau
Kommerzienrat. Die Dote, die ihr gegen-

übersaß, hatte mich auf den Knien. Ich soll selig geschlafen und von den Feierlichkeiten nichts gemerkt haben.

Gebhard Müller

Die schwäbische Seele

Grob und gefühlvoll, verschlossen und doch zu langen Gesprächen bereit, mißtrauisch und aufrichtig, heiter und schwermütig, treu und versonnen, sparsam bis geizig und doch zu allem bereit, was unbedingt sein muß, selbst zum Steuerzahlen.

Bloß was mr echt verklemmt, ischt gspart!

König Wilhelm II. von Württemberg ließ einmal sein Auto in der Nähe von Lindau am Bodensee vor einer Gartenwirtschaft anhalten, trank ein Glas Bier und legte ein goldenes Zehnmarkstück hin, indem er der Kellnerin bedeutete, sie brauche ihm nicht herauszugeben. Das verschlug dem Mädchen, das den Gast nicht kannte, zunächst die Sprache. Sie staunte ihn einige Augenblicke stumm an, dann aber löste sich ihre Betroffenheit in dem Ausruf: »O Herr, Ihr send aber au it vo' Stuagert!«

Auch heute ist die Landesregierung in Stuttgart nicht aushausig. Bei bürgernahen Staatsempfängen z. B. gibt es eben *halbierte Laugenbrezeln* — und schon lange nicht mehr mit Butter beschmiert!! — dazu Wein streng nach Proporz — Weißwein aus Baden, Rotwein aus Württemberg. Dem Vorbild der obersten Landesbehörde folgend ist diese Bewirtung so ziemlich in ganz Baden-Württemberg üblich — von den Regierungspräsidien über die Landratsämter bis hinunter zu den Bürgermeisterämtern. Es geht halt nichts über unser Brauchtum.

*

Und noch eine königlich-württembergische Anekdote:
In einem k. w. Staatseisenbahnabteil erster Klasse saßen ein älterer Herr und zwei »bessere« Schulbuben. Da ergab sich folgendes Gespräch: »Na, ihr zwei, wo soll die Reise hingehen?« — »Nach Stuttgart in die Vakanz.« — »Ei, dann habt ihr da sicher Verwandte?« — »Ja, dort lebt unser Großvater.« — »So, so, euer Großvater. Was ist denn der von Beruf?« — »König!« — Es waren die beiden *Prinzen zu Wied,* die in altschwäbischer Sparsamkeit ohne Betreuer von Neuwied nach Stuttgart unterwegs waren.

*

Die Stadt Baden-Baden hatte ums Jahr 1910 herum zwei Ehrenbürger, den *Grafen Zeppelin* und den in Brasilien zu großem Wohlstand gekommenen *Kaffeepflanzer Sielken*. Bei einem Festessen für die beiden erzählte Graf Zeppelin von seinen weiteren Plänen, vor allem von einer neuen großen Luftschiffhalle, zu der leider die Gelder noch nicht ganz beisammen wären. Schließlich sagte er zu dem Kaffeemann: »Eigentlich könnten wir beide recht gut zusammenschaffen und uns gegenseitig in unseren Geschäften fördern. Wollen Sie mir nicht die noch fehlenden 40 000 Mark stiften?« »Gern«, sagte Sielken, »aber darf ich fragen, wie Exzellenz dann meine Geschäfte fördern wollen?« — »Wie?«, sagte Graf Zeppelin, »ganz einfach, ich werde von jetzt an jeden Tag ein paar Tassen Kaffee mehr trinken.«

*

Zur vielgerühmten bzw. -geschmähten schwäbischen Gastfreundschaft folgende Geschichte:
Im Historischen Verein zu Kempten hat einmal ein auswärtiger Professor einen Vortrag gehalten. Er logierte bei einem ehemaligen Studienfreund. Am andern Tag weiß man sich so viel zu erzählen von früher, daß man allseits bedauert, wie der Besuch schon wieder fort will. Der Herr Professor meint nun, er könne doch die Gastfreundschaft nicht noch mal für eine Nacht in Anspruch nehmen. Man nötigt ihn zu bleiben, er widerspricht aus Höflichkeit. — Da beendet die Frau des Hauses die Debatte: »Ha, freile bleibet Se nomol da, Herr Professor, d'Bettwäsch isch jetzt alleweil scho verdrecklet.«

*

Sparsamkeit und Geiz liegen bisweilen nahe beisammen, wie das folgende Beispiel zeigt:
Zwei schwäbische Touristen wurden eines Abends in ihrem Urlaubsquartier in den bayerischen Alpen vermißt. So wurde die Bergwacht alarmiert, die sich auch sofort auf die Suche machte. Mittels Megaphon meldete die Rettungsmannschaft von Zeit zu Zeit ihren Standort und lauschte in die Bergwelt. Doch niemand antwortete. Wieder ertönte es laut durch die Nacht: »Achtung, Achtung, hier ist die Bergwacht!« — Da erklang es unvermittelt aus einer nahen Gletscherspalte:
»Mir gebet nix! (= spenden nichts)!«

*

Trotzdem grad mit Fleiß zur Abrundung noch eine Anekdote, die als beste Definition der sogenannten schwäbischen Sparsamkeit gelten kann:

Auf der Münsinger Alb hatte sich ein Pfarrer im Herbst allzu gut mit Kartoffeln, d. h. mit »Grombiare« eingedeckt. So stand er kurz vor Ostern kopfschüttelnd im Keller vor seinem noch recht beachtlichen Kartoffelberg. Nach längerem Nachsinnen kam ihm der rettende Gedanke: »Weib«, rief er aus, »do muaß entweder e Sau her oder e Vikar!«

*

Die mit dem Pfennig leben
und nach dem Chrüzer streben,
sind brave Schwizerchind,
wenn's keine Schwaben sind.

*

Anläßlich der Silberhochzeit des württembergischen Königspaares im Jahre 1911 wurde diese Sonderpostkarte gedruckt. Sie zeigt auch die ursprüngliche Ansicht der Stammburg des württembergischen Geschlechtes.

Ein König in Zivil! Und das auf einer repräsentativen Festpostkarte! — Wo gab es das sonst noch? Das ist bezeichnend für Wilhelm II. Er war als Regierungschef sehr verantwortungsbewußt und sparte auch bei sich. Er war beim Volk so beliebt, daß ihn nach der Revolution im November 1918 selbst Sozialdemokraten als Ministerpräsidenten der neuen Republik toleriert hätten. Wir dürfen ihn getrost zu den typischen Schwaben — in gutem Sinne!! — rechnen!

Hie gut Württemberg alleweg!

FF 1886 1911

Zur Silbernen Hochzeits feier des württ. Königspaares

Ursula Wandel

Was der liebe Gott dem Schwaben ins Ohr flüsterte

Als der liebe Gott den Schwaben gemacht hatte, betrachtete er ihn wohlgefällig und dachte bei sich: »Der wird sich auf meiner buckligen Welt schon zurechtfinden.« Gleichviel wollte es ihm scheinen, als müßte er ihm noch etwas Besonderes auf seinen Erdenweg mitgeben. Aber was nur? Es wollte dem lieben Gott nicht einfallen. Doch wie er ihn so vor sich stehen sah mit dem eigenwilligen Schädel und den schweren Händen, die sich zur Faust geballt hatten, als hielten sie bereits den Hammer umschlossen, der noch gar nicht erfunden war, da wußte der liebe Gott, daß er seinem Schwaben noch etwas sagen mußte, damit er ihm nicht vor lauter Tatendrang die schöne, nagelneue Welt gleich zuschanden mache. Und schließlich gibt ja jeder rechte Vater seinem Sohn eine gute Lehre mit, wenn er in die Fremde zieht. Und wenn es nur ein Wort ist, an das er sich halten kann. Das gehört sich so. Also nahm er ihn denn beiseite und sagte ihm leise was ins Ohr, damit es seine anderen Söhne, die Sachsen und Preußen und die Bayern und wie sie alle heißen, nicht hören konnten, denn die ging es ja schießlich auch nichts an. — Und siehe da: darauf sah man den Schwaben be-

dächtigen Schrittes und lächelnd von dannen gehen, so als wüßte er, daß ihm nun nichts mehr passieren könne.

Jahrtausende lang hat man sich in der Welt den Kopf darüber zerbrochen, was Gottvater damals jenem Sohn ins Ohr geflüstert hat, dem er das Schwabenland vermachte. Man ist nicht darauf gekommen. Man würde es heut noch nicht wissen, wenn nicht ein Urschwab, ein direkter Nachfahr von jenem, der damals die himmlische Werkstatt verlassen hat, das langgehütete Geheimnis preisgegeben hätte. Und was ist's gewesen? »*No net hudla*«, hat der liebe Gott einstens zu seinem Schwaben gesagt — — —

»No net hudla!«, das hat der Schwabe beherzigt bis zum heutigen Tag. Nichts ist seinem gründlichen Wesen so zuwider wie Hast und Eile. Man darf nur einmal mit Verstand einem schwäbischen Bauern nachsehen, wie er, mit der Hacke oder mit dem Rechen auf der Schulter ins Feld geht. Sein Gang hat die Ruhe und die Regel eines gesunden Atems. So arbeitet er auch. Und so geht er wieder nach Hause. Das Dengeln der Sensen an milden Sommerabenden und das leichte Kratzen des Löffels auf dem Grunde des Suppentellers — alles hat denselben Rhythmus: wie ein gesunder Atem geht.

Natürlich kann der Schwabe auch anders, aber nur, wenn er muß, wenn ihn die Natur dazu zwingt. Wenn ein Wetter am

58

Himmel steht, sei es am Ehehimmel, oder an jenem, der sich über alles spannt, da battet es. Da fliegen die Halme und die Späne und die Worte und der Atem, daß es nur so eine Art hat. Und doch: für den Schwaben ist das im Grunde genommen keine Art und die Garben, die er im Jäst bindet, machen ihm nicht so viel Freude wie jene, die er in Ruhe unter sein Dach bringt.

Es gibt im Schwäbischen zwei Worte, die sich ums Leben nicht miteinander vertragen: diftla und hudla. Das eine ist des anderen Todfeind. Und da die Schwaben alle Diftler sind, können sie keine Hudler sein.

Im übrigen gilt:
No net hudla, wenn's pressiert!

Anonymus (Hans Flach)

Schwäbische Ehrlichkeit

Wir würden aber als ungerechte Beurteiler des schwäbischen Wesens erscheinen und würden uns gleichzeitig der Gelegenheit berauben, mit einem Lichtblick zu schließen, wenn wir nicht die Eigenschaft des Württembergers erwähnen wollten, die den Norddeutschen nicht selten in Verwunderung setzt — die große *Ehrlichkeit*. Wie hier niemals ein Stück Geld, auch nicht das kleinste, gestohlen wird, das von seinem Besitzer irgendwo vergessen oder verloren ist, so ist namentlich auch die Ehrlichkeit der Dienstboten in allen wirtschaftlichen Dingen eine Erstaunen erregende. Während die norddeutsche Hausfrau vor ihrem Dienstmädchen nicht nur den Küchenschrank sorgfältig unter Verschluß hält, weil sie gegen das Mädchen Mißtrauen hegt, sondern womöglich, wenn die Familie ausgeht, das ganze Haus abschließt, um dem Mädchen keine Gelegenheit zum Stehlen zu geben, werden in Württemberg Küchenschrank, Speisekammer und Haus ohne Bedenken dem Mädchen geöffnet, und jedes Mißtrauen in dieser Beziehung gilt als schwere Beleidigung. Eine Veruntreuung aber ist uns niemals zu Ohren gekommen. In ähnlicher Weise bleiben im Gegensatz zu Norddeutschland vor den Häusern Holzstöße und Kohlenhaufen Nächte hindurch sicher und unberührt liegen.

*

Es ist ganz gleich, ob Preuße oder
   Schwabe.
Verstehen und Verzeihen heißt das
   menschliche Gebot.
Jedweder Mensch hat etwas Kot am
   Stabe,
doch einer streicht's dem andern
   sanft aufs Butterbrot.

Fred Endrikat

59

Hie gut Württemberg allwege!

Gitterle — Gatterle — Vögele — Fisch! — Du bisch!

Wer vermutet hinter diesem Kinderabzählreim, den ich keinem geringeren als dem Tübinger Oberbürgermeister *Dr. Eugen Schmid,* verdanke, das herzoglichwürttembergische Wappen?

Daß dem aber so ist, veranschaulicht das nebenstehende Bild mit einem Ausschnitt vom äußeren Portal des Schlosses Hohentübingen.

Mit dem »Gitterle« sind die drei »Hirschhörnle« der Herzöge von Württemberg, mit dem »Gatterle« die Rauten der Herzöge von Teck gemeint, das »Vögele« finden wir als Adler auf der Reichssturmfahne und die »Fisch« beziehen sich auf die Grafen von Mömpelgard in Burgund.

Das Wappen ist Teil des äußeren Schloßportals, das als Prachtstück eines Renaissance-Bauwerks im Jahre 1604—1606 von Christoph Yelin aus Gmünd geschaffen wurde. Bauherr war der ob seiner Eitelkeit nicht nur beim englischen Königshaus »gefürchtete« Herzog Friedrich (1557—1608). Der zusammen mit dem französischen Ludwigsorden um das Wappen gelegte englische Hosenbandorden mit der Aufschrift »Hon(y) soit qui mal y pense« wurde dem württembergischen Herzog zwar von Königin Elisabeth I. ausdrücklich verweigert. Nichtsdestotrotz hat er den Orden kurz nach deren Tod im Jahre 1603 auf diplomatischem Wege in Tübingen ausgehändigt bekommen!

Wer spricht da von Vetterleswirtschaft?!

Das Württembergische Herrscherhaus

Politisch ist dieses Thema ein heißes Eisen. Auch für die württembergischen Schwaben war im Herrscherhaus lange nicht alles Gold, was glänzt, und die Untertanen hatten oft genug Grund zu Klagen. Es gab unter den Grafen, Herzögen und schließlich auch unter den Königen wie überall eben »sotte und sotte!«

Erstaunlich freilich ist, daß neben *Graf Eberhard im Bart,* dem Gründer der Uni-

Das herzogliche Wappen am äußeren Schloßtor von Hohentübingen

versität Tübingen (Vgl. Seite 13) ausgerechnet die beiden umstrittensten *Herzöge Ulrich* (1487—1550) und *Karl Eugen* (1728—1793) über Sage und Anekdote Unsterblichkeit erlangten. Gemeinsam haben die drei, daß sie — der eine früher, der andere später — nach ausschweifender Jugend mit zunehmendem Alter zu einem maßvolleren Regierungsstil gefunden haben.

In diesem Zusammenhang sei darauf hingewiesen, daß der am 8. Juli 1514 zwischen Herzog Ulrich und den Landständen ausgehandelte »Tübinger Vertrag« als die älteste Verfassung mit demokratischen Anfängen in Deutschland gilt.

Daß so mancher aufrechte Schwabe im Verlauf der Geschichte unter die herrschaftlichen Räder geriet, sei auch hier nachdrücklich festgestellt und stellvertretend für viele der Organist, Dichter und Journalist *Christian Friedrich Daniel Schubart* (1739—1791) genannt.

Was allerdings die in diesem Kapitel ganz bewußt wie Kraut und Rüben zusammengeworfenen Beiträge betrifft, so möge daran vor allem der Nichtschwabe erkennen, wie schwer es ist, das typisch Schwäbische, sofern es das überhaupt gibt, erkennbar zu machen.

Eduard Paulus

Nachschrift

O wehe, wer geboren ist
Im schönen Land der Schwaben;
Der Gockel bläht sich auf dem Mist,
Den Schiller und den Friedrich List
Hat fremde Hand begraben.

Isolde Kurz

Herzog Ulrichs Löffel

Als der vertriebene Herzog Ulrich flüchtig und unerkannt sein Land durchirrte, hielt er sich eine Zeit lang in der Nähe seiner guten Stadt Tübingen auf. Dort geriet er einmal um die Mittagszeit in einen Weinberg, wo eben ein Tübinger Wingerter mit seinen Leuten sich eine Schüssel voll Erbsenbrei schmecken ließ. Der Herr, der sehr hungrig war, trat bescheiden hinzu und grüßte den Mann in gutem Gogendeutsch. Der gab ihm den Gruß und fragte leutselig: »Witt mithalte?«, was der Herzog dankend annahm. »Na, so lang zu!« — Aber der Herzog sah sich fragend um: die anderen hatten Löffel, er hatte keinen. Da lacht ihn der Weingärtner aus, daß er nicht weiß, wie man einen Löffel macht, und sagt: »Wart, i mach dr ein!« Schneidet also das »Knäusle« vom Brotlaib ab, höhlt es aus und gibt's dem Herzog: »So, do hoscht en Löffel.« Der Herzog taucht den Löffel, der gut ausgibt, in die gemeinsame Schüssel und sättigt sich und ißt danach auch den Löffel auf. Währenddessen fragt und erfährt er allerlei, unter anderem auch den Namen seines Gastgebers und daß er z Dibenga (Tübingen) in der Froschgasse wohnt.

Als nun später Ulrich in seine Herrschaft wieder eingesetzt war, da geschah es eines Abends, als er sich zu Tische begab, daß ihm der Löffel fehlte. Was der Mundschenk für einen Rüffel bekam, weiß ich nicht. Aber dem Herzog fiel plötzlich jener lange vergessene Mittag in dem Weinberg bei Tübingen ein, wo ihm gleichfalls der Löffel gefehlt hatte, und zugleich auch wieder Name und Wohnung des braven Weingärtners. Und er schickte des anderen Tags einen Boten nach Tübingen in die Froschgasse mit dem Befehl, ihm den Mann herzubringen, wie er stehe und gehe. Als der fürstliche Wagen in der schmutzigen Froschgasse erschien, gab es dort einen mächtigen Schrecken, und die Frau des Weingärtners, als sie hörte, ihr Mann müsse zum Herzog, unverzüglich, wie er stehe und gehe, rang die Hände und jammerte: »O Ma, was hoscht du do? Zum Herzich muescht, 's goht um dein Kopf.«

Der Mann beteuerte, daß er von gar nichts wisse und bat, man möchte ihm wenigstens Zeit lassen, daß er sein besseres Häs (Gewand) anziehe, aber er wurde ohne weiteres in den Wagen gesetzt und rollte in heißer Angst nach Stuttgart. Dort führte man ihn gleich vor den Herzog, der an der Tafel saß und der ihn auf dem leeren Stuhl an seiner Seite Platz nehmen und zugreifen hieß. Jener zauderte: Alle waren mit Löffeln versehen, nur er nicht. »Warum ißt du nicht?« fragte der Herzog streng. Der Mann bekannte, was ihm fehlte.

»Weißt du nicht, wia man einen Löffel macht?« herrschte der Herzog den Erschrockenen an und machte dazu ganz besondere Augen. »So will ich dir's zeigen.« Bricht das Knäuschen vom Brot, höhlt es aus und reicht's ihm: »So jetzt lang zu und iß!« Der Mann konnte nichts sagen als: »O, Herr Herzich, send Ihr des gwä?«

Er wurde fürstlich bewirtet und in Gnaden entlassen, nachdem der Herzog zuvor noch ihm und seinen Nachkommen Steuerfreiheit zugesagt hatte für alle Zeiten.

Friedrich Schiller

Deutschland und seine Fürsten

Große Monarchen erzeugtest du und
    bist ihrer würdig.
Den Gebietenden macht nur der Ge-
    horchende groß.
Aber versuch es, o Deutschland,
    und mach es deinen Beherrschern
Schwerer, als Könige groß,
    leichter nur Menschen zu sein.

Der saure Dienstwein

Im Jahre 1602, sagt eine Stuttgarter Chronik, ist das Rebenwerk zu Stuttgart, so sich wohl angelassen gehabt, ganz zunichte geworden; denn am 21., 22. und 23. Aprilis haben starke Reifen dem Rebenwerk den Garaus gemacht. Deswegen hat Herr Joh. Magirus, damals Probst allhier, diesen erbärmlichen Schaden mit solchen Worten in der Freitagspredigt beklagt: »Wir haben heut St. Georgentag, da leider, Gott erbarm's, der Ritter St. Georg uff einem weißen Pferd mit solch' Ungestüm und Grausamkeit eingeritten, daß der Türk, wann er mit etlich' tausend Pferden in die Christenheit eingefallen, in so kurzer Zeit so großen Schaden nicht hätte tun können.«

Die Geistlichen suchten die Schuld für dieses Unglück in der Sünde der Leute, die Gottes Zorn und Mißfallen erregt haben. Es gab sehr wenig Wein in diesem Jahr; auch war er ziemlich gering und sauer. Einige württembergische Pfarrer, die Wein bei ihrer Besoldung hatten, konnten diesen Wein nicht hinunterbringen. Sie wandten sich also an den Herzog Friedrich mit der Bitte, daß man ihnen als Seelsorger, die guten Magenwein vonnöten hätten, doch einen besseren Dienstwein geben solle. Der Herzog, dem die Predigten der Pfarrer über die Ursache des schlechten Weinwachses nicht unbekannt geblieben waren, ließ die Bittschriften zurückgehen und schrieb darunter die kurzen Worte:

»Mit gesündigt mit gebüßt.«

Franz Georg Brustgi

Wenn die zweiunddreißig nicht wären

Herzog Karl von Württemberg ritt einst an einem kalten Januartage durch die Stadt Calw und kam auch am Hause eines Rotgerbers vorbei. Der Meister, der als Witzbold weitum bekannt war, arbeitete in seiner Lohgrube. Der Herzog sah ihm eine Weile zu und ließ sich mit ihm in ein Gespräch ein. Zuletzt fragte er den Gerber: »Hast du es denn so nötig, daß du bei dieser Kälte im Freien und dazu noch im eiskalten Wasser arbeiten mußt?« — »Jawohl, edler Herr«, antwortete der Rotgerber. »Zwanzig könnten es wohl verleiden, wenn zweiunddreißig nicht wären!« — »Du sprichst in Rätseln«, fuhr erstaunt der Herzog fort. »Willst du mir deine Worte nicht deuten?« — »Gerne, Eure herzogliche Gnaden: die zwanzig, das sind die zehn Finger und die zehn Zehen; die zweiunddreißig sind die Zähne. Die Hände und die Füße ließen oft gerne das Schaffen sein, wenn das Maul voll Zähne nicht jeden Tag zu nagen und beißen verlangte.« Der Herzog freute sich über den witzigen Gerber und noch mehr darüber, daß er für seine Hofgesellschaft eine Nuß zu knacken hatte. Ehe er aber weiter ritt, wandte er sich an den Gerber und sprach: »Hör mich wohl an! Du darfst keinem

Menschen etwas von unserer Unterredung mitteilen, ehe du mich nicht hundertundeinmal gesehen hast!« Der Gerber versprach es ihm.

Kurze Zeit darauf war Gesellschaft bei Hofe und der Herzog bester Laune. Er gab den Herren und Damen das Rätsel des Calwer Gerbermeisters auf und setzte für die richtige Lösung einen Preis von fünfhundert Gulden aus. Niemand fand die Antwort. Deshalb gab der Herzog nochmals eine Frist von acht Tagen. Diese Frist benutzte einer der Hofherren, um nachzuforschen, wo und bei wem der Herzog sich in der letzten Zeit aufgehalten habe. Er griff es mit aller Schlauheit an, gab sich alle nur erdenkliche Mühe — und gelangte auch wahrhaftig nach langem Suchen an den Gerbermeister zu Calw. »Sagt mir des Rätsels Lösung, Meister; es soll Euer Schaden nicht sein!« sprach der Edelmann. »Ich kann's und darf's nicht. Ich habe dem Herzog mein Wort gegeben, daß ich es nicht eher einem Dritten sagen werde, als bis ich meinen Herrn hundertundeinmal gesehen habe.« Da lachte der Hofherr, zog seinen hirschledernen Geldbeutel hervor und zählte dem Gerber hundert blanke Goldstücke auf den Tisch, deren jedes mit dem Bildnis des Herzogs versehen war. »So«, sagte er drauf pfiffig, »nun habt Ihr den Herzog einmal in Person und hundertmal auf den Gulden, zusammen hundertundeinmal gesehen. Jetzt, meine ich, werdet Ihr auch Eures gegebenen Wortes entbunden sein.« Der Rotgerber strich schmunzelnd die hundert Gulden ein und löste dem Herrn das Rätsel, der nun befriedigt nach Hause zog.

Der Herzog war nicht wenig erstaunt, als ihm der Edelmann bei der nächsten Tafelrunde das schwierige Rätsel löste, und ließ ihm die fünfhundert Gulden sogleich auszahlen. Über den wortbrüchigen Gerber aber war er sehr erbost und ließ ihn zu sich rufen. Der aber trat seinem Herzog unerschrocken gegenüber und erzählte ihm treuherzig, auf welche Weise der Edelmann ihn seines Wortes entbunden habe. Da lachte der Herzog und sagte: »dagegen läßt sich allerdings nichts einwenden. Geh wieder nach Hause und an deine Arbeit und trage das Bild deines Herzogs ebenso gerne im Herzen, wie du es in deinem Geldbeutel auf den Guldenstücken zu tragen liebst.«

Ein guter Doktor, aber saugrob

Der Leibarzt eines württembergischen Königs war zur Majestät gerufen worden und hatte eine Erkältung festgestellt, zu deren Behebung ihm Kamillentee das geeignetste Mittel dünkte. »Ich trinke keinen Kamillentee!« erklärte der König. —

»Ich kann Euer Majestät nichts Besseres raten«. Der König (scharf): »Ich hab Ihm schon einmal gesagt, daß ich keinen Kamillentee trinke!« — Der Leibarzt (eigensinnig): »Majestät müssen Kamillentee trinken!« — »Wie?... Was?... Müssen???... Das fehlte mir noch! Weiß Er was? — Dort hat der Zimmermann das Loch gelassen! Hinaus, sag ich!« — Der Doktor (zornflammend): »Wenn Euer Majestät keinen Kamillentee trinken, werde ich Ihre Majestät die Königin bitten...« — Der König reißt wütend am Klingelzug und schreit: »Saprist! Ist Er denn immer noch da? Soll ich Ihn denn wirklich eigenhändig...«? Der Doktor merkt, daß hier seines Bleibens nicht länger ist. Wütend schießt er zur Türe hinaus. Draußen im Vorzimmer aber bleibt der Zornnickel noch einmal stehen, stampft mit beiden Füßen und schreit dazu so laut, daß der König durch die verschlossene Tür jede Silbe verstehen muß: »Kamillentee muß er saufen und wenn er verr...!« — Der König aber lächelt nun wieder und sagt zu dem inzwischen herbeigeeilten Kammerdiener: »Dann bring mir eben in Gottes Namen Kamillentee!«...

Ludwig Uhland

Gebet eines Württembergers

Der du von deinem ew'gen Thron
Die Völker hütest, groß' und kleine,
Gewiß, du blickst auch auf das meine,
Du siehst das Leiden, siehst den Hohn.
Zu unsrem König, deinem Knecht,
Kann nicht des Volkes Stimme kommen;
Hätt' er sie, wie er will, vernommen.
Wir hätten längst das teure Recht.
Doch dir ist offen jeglich Tor,
Dir keine Scheidwand vorgeschoben,
Dein Wort ist Donnerhall von oben;
Sprich du an unsres Königs Ohr!

Bekanntmachung

eines jährlich am 28. September zu Cannstatt abzuhaltenden landwirtschaftlichen Festes

Se. Königl. Majestät haben in der landesväterlichen Absicht, zur fortschreitenden Verbesserung der Viehzucht im Königreich zu ermuntern und denjenigen welche in diesem wichtigen Zweige der Landwirtschaft etwas Vorzügliches leisten, einen Beweis des Allerhöchsten Wohlgefallens zu geben, für die besten Erzeugnisse der Viehzucht, Preise auszusetzen geruht, deren Verteilung in jedem Jahr am 28. September, und wenn dieser auf einen Sonntag fällt, am folgenden Montag zu Cannstatt geschieht, auf welchen Tag zugleich ein Viehmarkt abgehalten werden wird. Auch wird ein Volksfest damit in Verbindung gesetzt, und dafür gesorgt werden, daß solches durch unterhaltende Abwechslungen diesem frohen Tag entspreche.

Den zur Abhaltung ihres ebenfalls auf den 28. September festgesetzten jährlichen Zunfttages in Cannstatt versammelten Schiffern wird Gelegenheit gegeben, durch ein Schifferstechen Proben ihrer Kunst und Geschicklichkeit öffentlich zu zeigen. Ferner werden zugleich die geeigneten Anstalten zur Anstellung eines Pferderennens getroffen.

Sowohl für das Pferderennen, als für das Schifferstechen sind von *Sr. Königl. Majestät* eigens Preise ausgesetzt. Sämtliche Preise sind für die inländische Betriebsamkeit, mithin nur für inländische Bewerber bestimmt.

Die Viehhalter, welche sich an dem gedachten Tage des Festes zur Ausstellung ihres Viehes einfinden, haben solches einem aus Viehschauern von Stuttgart und Cannstatt zusammengesetzten Schaugerichte vorzuführen...

Aus »Königlich-Württembergischem Staats- und Regierungs-Blatt« vom Dienstag 31. März 1818

Noch zwei einschlägige Anekdoten

Die königlichen Spitzer Ali und Ruti waren im Wilhelmspalast einmal nach aufgehobener Tafel so frei, sich einer Exzellenz an die erlauchten Rockschöße zu hängen. — Schwer gekränkt beschwerte sich der hohe Herr dann auch prompt beim Oberhofmarschall. Dieser aber erwiderte gelassen: »Ich habe Ihnen ja schon immer gesagt, Exzellenz, Sie sollen beim Diner keine Koteletts in Ihre Rockschöße stecken!«

*

Der Deyle von Tübingen geht am hellen Werktag im Sonntagsanzug über die Neckarbrücke. Ein Bekannter fragt ihn: »Wo kommst her?« — »Ha, wo werd i schao herkomme? Z'Stuagert ben i gwea.« — »Host au de König gsehe?« — »Freile, was denn sonst?« — »Ond was hot'r gsait, dr König?« — »Was wird'r schao gsait hao: »Charlott (die Königin) gang na en Keller ond hol e Krüagle Most ruf; dr Deyle von Tübenge ist do ond der hot emmer Durst! — Ond guck au glei, ob net noh e ufgwärmts Sauerkraut em Raihrle (Rohr = Ofen) ist!‹«

Vom Bauernsohn zum Poeta laureatus

Hans Reyhing

Heinrich Bebel
der erste schwäbische Erzähler

In demselben Jahre 1492, als der berühmte Kolumbus zu Schiff nach Westen fuhr und dann Amerika, die Neue Welt, entdeckte, wanderte Heinrich Bebel, ein Bauernsohn aus Ingstetten, einem Filial von Justingen bei Münsingen auf der Schwäbischen Alb, nach Osten — einer der vielen, die damals nach einer neuen geistigen Welt unterwegs waren, ein fahrender Schüler, ein Student, der eine Hochschule aufsuchte. Er kam vielleicht auf seinem Weg über Prag, wo etwa 150 Jahre vorher die erste deutsche Universität gegründet worden war; aber ihn zog es weiter nach Krakau in Polen. Die dortige Hochschule war im wesentlichen eine deutsche, fortschrittlich gerichtete, d. h. unter dem Einfluß bedeutender deutscher Lehrer hatte dort eine neue Richtung im Geistesleben breiten Boden gewonnen und auch unseren Heinrich Bebel mitgerissen — der Humanismus, der einen besseren Weg in der geistigen Bildung erstrebte, in erster Linie durch die gute Pflege der Sprachen. Die neuen Männer schöpften statt aus strohtrockenen Lehrbüchern der lateinischen Sprache aus den lebendigen Werken großer römischer Schriftsteller, ebenso auch im Griechischen aus Schriften der Griechen. Sie wollten aus den Quellen schöpfen. — Die neue Richtung verlor aber in Krakau wieder an Boden. So zog Bebel weg nach Basel.

Nun war an der 1477 gegründeten Hochschule in Tübingen eine besondere Stelle für Beredsamkeit, Sprache und Dichtung vorgesehen worden, aber zunächst unbesetzt geblieben. Vielleicht hat man keinen geeigneten Mann für sie gefunden. Heinrich Bebels Bemühungen, sie zu erlangen, führten im Jahre 1496 zu seiner Berufung nach Tübingen. Er wirkte als überzeugter Vertreter des Neuen und leistete in der Pflege der lateinischen Sprache Bedeutendes, legte vor allem einen guten Grund mit Hilfe von guten Beispielen aus lateinischen bzw. römischen Schriftstellern, deren Studium er mit seinen Schülern nach einem wohlüberlegten Unterrichtsplan betrieb. Einer seiner Schüler rühmt seine Erfolge in folgenden Sätzen:

»Bebel, so rühmt man, hat die lateinische Sprache zu neuem Leben erweckt, ihren Wert wieder zu Ehren gebracht. Ihm verdanken wir, daß in Deutschland heut allenthalben glatter und richtiger man schon das Lateinische spricht.«

Heinrich Bebel war beim Antritt seines Lehramts erst 24 Jahre alt gewesen. Er hatte mit seinem fortschrittlichen Jugenddrang unter den älteren Magistern keine freundliche Aufnahme gefunden. Man stelle sich die Lage vor. Auf der einen Seite die Vertreter des Alten, Überkommenen, seit Jahrhunderten Wohlgeschätzten, auf der andern die feurig vorstürmenden Jungen, die auch einmal übers Ziel schossen. Es war eben so, wie es oftmals ist, wenn Vertreter des abgehenden und des kommenden Geschlechtes zusammenstoßen. Manche Humanisten gaben sich den Vertretern des Alten gegenüber recht gespreizt und hochmütig. Bebel schrieb wohl auch manch scharfes Wort gegen den früheren Lehrbetrieb, brauchte auch manches beißende Spottwort. Aber solche Dinge wie z. B. Jakob Locher aus Ehingen, ein Humanist, der als Professor in Ingolstadt vor seinen Vorlesungen die Glocken läuten ließ, leistete er sich doch nicht.

Dieser Kampf der Geister war nur eine Erscheinung im Anbruch einer neuen Zeit. Kurz vorher war die Buchdruckerkunst erfunden, war Amerika entdeckt worden, neue Seewege wurden gesucht und gefunden. Die Welt wurde immer größer und weiter. Überall gingen Tore auf oder versuchte man, sie zu öffnen. Auch auf kirchlichem Gebiet wurde nach Neuem gesucht (Reformation), wie auf sozialem (Bauernkrieg).

Bebel hatte es in Tübingen nicht leicht. Die Vertreter der alten Richtung überließen ihm die Hörsäle in der Regel nur nachmittags, also zu einer weniger günstigen Zeit. Er drang auch vergeblich auf feste Anstellung, bemühte sich vergebens um Erhöhung seines Gehaltes. Und das alles, obwohl der Besuch der Tübinger Hochschule sich durch seine Tätigkeit von Jahr zu Jahr hob.

Aber Heinrich Bebel lehrte nicht nur die lateinische Sprache und führte seine Schüler nicht nur in die Dichtung der römischen Schriftsteller ein, sondern er selbst schrieb ein gutes Latein und dichtete gute lateinische Verse, schuf zum Teil umfassende Dichtungen. (Alle Humanisten-Dichter schrieben damals ihre Werke in lateinischer Sprache) — Sie entstanden als die Tübinger Hochschule vor der Pest nach Nagold und Dornstetten hatte flüchten müssen und er dann in die Heimat gekommen war, wo er an einer großen Versdichtung arbeitete. In sie floß manches

aus dem Leben seiner Umgebung hinein.
Auch einem Freund schildert er etwas davon, was ins Deutsche übersetzt also lautet:
»Hier bin ich, wo sich erhebt
die Schwäbische Alb
Mit ihren Bergen und kostbaren
Kornfeldern.
Doch an den kalten Höhen versagt die
Natur die Trauben...
Es sprudeln selten die Quellen auf
diesen Bergen,
Und außer dem Regenwasser selten ist
das edle Naß,
Das in den Brunnen bewahret wird
und tiefen Zisternen.
Doch während Natur nur wenig bietet,
wird hier regsam der Geist.«

Und weiter heißt es in dem in Versen geschriebenen Brief:
»Ursula ist nicht die schlechteste
Zier der ländlichen Schar
Und süß ist es mir, wenn ich sitze
neben ihr an der Spindel,
Wenn lange Fäden sie zieht bis tief
in die Nacht...
Ich sing in der Weise der Heimat
ihr fröhliche Lieder,
Sie bezeugen die Liebe zu der Gebieterin
meines Herzens.

Dann ruhe ich nicht, bis sich anschmiegt
eine sanfte Melodie...

Wenn nachher überall liebliche
Mädchen unser Lied gelernt,
Und wenn dem ländlichen Chor
unser Singen befällt,
Dann singt und liebt und lobt,
ja dann erwacht
Die ländliche Jugend zum eifrigen
Müßiggang.«

Der junge Dichter und Hochschullehrer erfuhr schon an Pfingsten 1501, also mit 29 Jahren, eine hohe Ehrung. Er wurde von Kaiser Maximilian zum Dichter gekrönt, was damals eine sehr seltene Auszeichnung war. Der Gekrönte hielt bei dieser Gelegenheit vor dem Kaiser eine schwungvolle Rede zum Ruhme Deutschlands und der Deutschen, die mehr geleistet haben als die Alten. In einem Hymnus auf den Kaiser, unter dem das goldene Zeitalter der Dichter und Redner begonnen hatte, klang die Rede aus. Die hohe Ehrung festigte wohl seine Stellung in Tübingen, änderte aber leider auch jetzt an der äußeren Lohnung seiner Arbeit nichts. (!!!)
Der vom Kaiser gekrönte Dichter und der angesehene Professor von Tübingen hat sich seiner bäuerlichen Herkunft nie geschämt, er hat auch diejenigen mit scharfer Rede abgeführt, die ihn ihretwegen angegriffen haben. Es war ihm überhaupt ein Bedürfnis und eine Freude, mit dem einfachen Volke umzugehen.

Zum ersten Erzähler unserer schwäbischen Heimat wurde Bebel mit seinen »Facetien«, seinen lateinisch abgefaßten köstlichen Schwänken, deren Stoff er allermeist dem Munde des Volkes abgelauscht und dem er seine humorvolle, witzige Form gegeben hat. Es war auch der erste deutsche Humanist, dessen Werke einen durchschlagenden Erfolg erzielten und weit über Deutschland hinaus wirkten. Schon wenige Jahre nach dem ersten Erscheinen seiner Schwänke kam eine Ausgabe in Paris heraus.

In Tübingen erschien von dieser Zeit an kein gelehrtes Werk mehr ohne ein Vorwort Bebels, nicht einmal ein Buch des hochangesehenen Kanzlers der Universität Vergenhans, so viel galt sein Name.

Dichterkrone, von Kaiser Maximilian an Heinrich Bebel verliehen

Heinrich Bebel

Schwäbische Schwänke
aus dem Lateinischen übersetzt von Albert Wesselski — 1907

Von einem Gaukler

Als einem Gaukler, der mit etlich Edlen zu Tisch saß, die kleinen Fischlein, ihnen aber die großen vorgelegt wurden, fing er an, viel Fischlein zu betasten, jetzt zum Mund, jetzt zu den Ohren heben, mit ihm heimlich zu reden und letztlich zu weinen. Und wie ihn die Edelleut fragten, warum er solches tät, saget er: »Mein Vater war auch ein Fischer und ist in einem Wasser ertrunken; wie ich jetzt die Fischlein frag, ob sie ihn nirgends gesehen haben, sagen sie, sie seind noch viel zu jung, daß sie von solcher Sach wissen könnten. Ich sollt die älteren darum fragen.« Als die Edelleut solches verstunden, haben sie ihm die großen vorgelegt, sie zu fragen, oder vielmehr zu essen.

Eines Priesters lächerlich Predigt

Mir ward gesagt von einem Priester, daß er den Bauern prediget und ihre Laster hart strafet, auch gesagt hätt, sie würden der Teufel Knecht werden, wo sie sich nicht bekehreten und von den Sünden abließen. Zuletzt hätt er hinzugesetzt:

»Wann ich nun werd ins Himmelreich kommen, so wird unser Heiland zu mir sagen: ›Willkommen, Herr Hans!‹ Und ich werd antworten: ›Gnad, Herr!‹ Und wann er weiter wird fragen: ›Wo seind eure Schäflein?‹, so werd ich dann dastehen, als ob mir in die Händ geschissen wär, dann ich keinen von euch sehen werde.«

Von einem Advokaten

Ein Advokat war, nachdem er viel Händel gewonnen hätt, ein Mönch. Und da ihm die Händel des Klosters anvertraut wurden, ginge das Meist verloren. Fraget ihn der Abt, warum er alleweg die Sachen verlieret, antwortet er: »Ich darf nicht mehr lügen wie vorher, deshalben verliere ich.«

Vom Lügenschmied von Cannstatt

Als der Schmied auf eine Zeit durch den Wald ginge, lief ein Wolf wider ihn mit aufgesperrtem Rachen, gleich als wollt er ihn verschlingen. Daß er sich nun der Gefahr entledige, fuhr er mit der rechten Hand dem Wolf ungestüm durch den Hals und in den Leib, erwischt den Schwanz und kehret den Wolf gar um wie der Schuster ein Schuh.

Von einem, den der Blitz erschrecket

Saß einer im Bad in einer Kufen. Da fing es an heftig zu donnern, und er saget: »O ihr Blitze, was macht ihr für ein Unruh! Fahrt mir in den Hintern!« Wie er diese Worte kaum hätt ausgeredt, schlug ein Strahl grad neben ihm nieder, tät ihm aber doch kein Leid, grad, daß er ihn hat erschrecket. Da saget er: »Das geht dir übel aus, o Gott! Wie kannst du so gar kein Scherz verstehen, denn ich's im Schimpf (Scherz) gered hab und nicht im Ernst.«

Von Wirten und Weinen

An dem Bach Schmieh in meiner Heimat liegt ein Dörflein, das den Namen von dem Wasser hat. Da war ein Wirt, den man auch argwöhnig hielt, er führete sein Wein oft in die Tränk. Aus dem Grund warfen ihm etlich gute Gesellen in das Gefäß, darin er ihnen den Wein auftruge, kleine Fischlein hinein. Als nun der Wirt in das Glas einschenket, ward er der Fischlein gewahr, wendet sich derhalben zu den Gästen: »Fürwahr jetzt bekenn ich's frei, ich hab zuviel Wasser in die Weinfässer gossen, anders wären die Fischlein nicht hereingeschwommen.«

Ein ander Wirt trug in der Nacht mit heftigem Schnaufen viel Wasser in den Weinkeller. Wie das einer sahe, der bei ihm hätt einkehrt, hebet er an, mächtig Feurio zu schreien und die Leut aufzuwecken, auf daß sie löschen kämen. Saget der Wirt zu ihm: »Warum schreist du also?« — Antwortet der Gast: »Ich meinet, es brennete in dem Keller, so du so viel Wassers zuträgst.«

Eine schwänkische Antwort

Im Schwabenland war ein Graf, ein mächtig und hochberühmter Mann. Als er auf ein Zeit zur Jagd ausritte, begegnet ihm eine Bäuerin, die auf einem Roß saß und mit lauter Stimme sang. Da saget er zu ihr: »Woher kommt dir solche Freud, liebe Frau? Ich glaub, du seiest heute nacht eine Braut gewesen, was ich aus deiner fröhlichen Weis' abnimm.« Wie die Bäuerin fraget, ob denn aus dieser Sach ein Fröhlichkeit und Freud käme, saget der Graf ja. »Ei, guter Gesell«, sprach die Bäuerin, denn sie kannt den Grafen nicht, »so halse mein Mähren, auf daß sie fröhlicher werde und baß von statt gehe.« Darauf der Graf mit viel Lachen: »Wohl hast du mir geantwortet, zieh hin im Frieden!«

Das Mädchen und die Sau

Es war ein Mädchen nicht ganz unbeschädigten Rufes in meiner Heimat. Es führte ein Schwein, das ihr Vater auf dem Ehinger Markt gekauft, nach Hause. Im Wald begegnete ihr ein junger Graf, der sie aufforderte, ihm ins weiche Moos zu folgen. Sie schlugs aber zunächst ab, in der Hoffnung, er werde noch dringender bitten. Aber als am Waldende jener ganz von seinem Verlangen abzustehen schien, sagte sie: »Aber, o guter Freund — um auf deine Worte von vorher zurückzukommen — wenn ich dir zu Willen wäre, wo frage ich, würden wir inzwischen die Sau anbinden?«

*

Von seinen deutschen Versen sind nur wenige bekannt:
Ich stirb und waiß nit wan,
Ich fahr und waiß nit wo hin,
mich nempt wunder,
das ich frehlich bin.

Das »Volk der Dichter«

Helmut Paulus

Das fällt uns gar nicht auf

Wir sind das Volk der Dichter,
Ein jeder dichten kann,
Man seh' nur die Gesichter
Von unsereinem an!
Der Schelling und der Hegel,
Der Schiller und der Hauff,
Das ist bei uns die Regel,
Das fällt uns gar nicht auf.

Georg Schwarz

Schwäbische Dichter

Variationen über einen Heuß-Aufsatz

Vor Jahren schrieb man Theodor Heuss:
»Ich sage euch gewiß nichts neu's,
Wenn ich behaupte, man verzeih's.
Kein Oberamt sei dichterfrei
In unserm schwäbischen Mutterlande« —
Nichtdichten ist Familienschande.

Der spöttische Wieland und der Hiller,
Der im Gesangbuch steht, ein stiller,
Dann der Vulkanausbruch, der Schiller,
Aus Ulm der weiche »Siegwart«-Miller —
Womit nur anzudeuten sei:
Kein Oberamt ist dichterfrei.

Da ist der Konradin von Staufen,
Der Waiblinger, dem »Stift« entlaufen,
Der J. G. Fischer und Der V —
Der Herwegh und der Ludwig Pfau.
O Mörike, du Dorfplatzlinde,
Bewegt von attisch holdem Winde!

Es wäre zu erwähnen ferner
Aus Weinsberg der Justinus Kerner,
Der noch auf Silchers Noten wandelt —
Und wenn's um Wilhelm Hauff sich
  handelt,
In Stuttgart dichtend wie in Bagdad —
Weshalb wohl Lichtenstein geflaggt hat?

Wie wild zuckt Schubarts finst're Braue,
Wie lieblich tönt Hartmann von Aue,
Von windumspielten Neckarwehren,
Schwimmt Hölderlin zu Griechen-
  meeren,

74

Wer möchte Uhland je vergessen?
Und dann, wie steht's mit Hermann
    Hessen?

Sie alle kommen von den Flüssen,
Die teils zum Neckar wandern müssen,
Teils in die Donau münden dürfen,
Ihr bargeldloses Nektar schlürfen,
Durch Klimavorteil ist's bedingt,
Wie es auch sei, der Vogel singt.

Stimmt's nicht, die munt'ren Schwaben-
    flüsse,
Im Grund — sind's lyrische Ergüsse?

Herzog Ulrich von Württemberg (1487—1550)

Mein Jagen ist verloren

Ich schell mein Horn in Jammers Ton.
Mein Freund ist mir verschwunden.
Ich hab gejagt, muß abelan;
das Wild lauft vor den Hunden.
Ein edel Tier in diesem Feld
hätt ich mir auserkoren,
das schied von mir, als ich wohl spür,
mein Folgen ist verloren.

Fahr hin, Gewild, in Waldes Lust,
Ich will dich nimmer schrecken,
mit Jagen dein schneeweiße Brust,
Ein andrer muß dich wecken

mit Jägersgschrei und Hundesbiß,
Daß du nit magst entrinnen.
Halt dich in Hut, mein Tierle gut.
Mit Leid scheid ich von hinnen.

Nikodemus Frischlin (1547—1590)

Schicksal

Wie wunderbar ist Menschenglück,
So gar unstet mit falscher Tück. —
Jetzt ist einer hoch, bald wird er nieder,
Jetzt ist einer arm, bald reich er wieder.
Die Zeit bringt oft die roten Rosen,
Oft bringt sie auch herfür Zeitlosen.

(Frischlin stürzte sich als Gefangener von
Hohenurach zu Tod.)

Christian Daniel Friedrich Schubart (1739—1791)

Der Gefangene

Gefangner Mann, ein armer Mann!
    Durchs schwarze Eisengitter
Starr ich den fernen Himmel an,
    Und wein und seufze bitter.

Die Sonne, sonst so hell und rund,
  Schaut trüb auf mich herunter;
Und kömmt die braune Abendstund,
  So geht sie blutig unter.

Mir ist der Mond, so gelb, so bleich,
  Er wallt im Witwenschleier;
Die Sterne mir — sind Fackeln gleich
  Bei einer Totenfeier.

Mag sehen nicht die Blümlein blühn,
  Nicht fühlen Lenzeswehen;
Ach! lieber säh ich Rosmarin
  Im Duft der Gräber stehen.

Vergebens wiegt der Abendhauch
  Für mich die goldnen Ähren;
Möcht nur in meinem Felsenbauch
  Die Stürme brausen hören.

Was hilft mir Tau und Sonnenschein
  Im Busen einer Rose?
Denn nichts ist mein, ach! nichts ist mein
  Im Muttererdenschoße.

Kann nimmer an der Gattin Brust,
  Nicht an der Kinder Wangen,
Mit Gattenwonne, Vaterlust
  In Himmelstränen hangen.

Gefangner Mann, ein armer Mann!
  Fern von den Lieben allen,
Muß ich des Lebens Dornenbahn
  In Schauernächten wallen.

Es gähnt mich an die Einsamkeit,
  Ich wälze mich auf Nesseln;
Und selbst mein Beten wird entweiht
  Vom Klirren meiner Fesseln.

Mich drängt der hohen Freiheit Ruf;
  Ich fühls, daß Gott nur Sklaven
Und Teufel für die Ketten schuf,
  Um sie damit zu strafen.

Was hab ich, Brüder, euch getan?
  Kommt doch, und seht mich Armen!
Gefangner Mann! ein armer Mann!
  Ach! habt mit mir Erbarmen!

*(Schubart war zehn Jahre lang
Gefangener des Herzogs Karl Eugen
auf dem Hohenasperg)*

Christoph Martin Wieland
(1733—1813)

Aus Musarion

Das Schöne kann allein
Der Gegenstand von unsrer Liebe sein;
Die große Kunst ist nur, vom Stoff
    es abzuscheiden.
Der Weise fühlt. Dies bleibt ihm
    stets gemein
Mit allen andern Erdensöhnen:
Doch diese stürzen sich, vom
    körperlichen Schönen

Geblendet, in den Schlamm der Sinn-
    lichkeit hinein,
Indessen wir daran, als einem Wider-
    schein,
Ins Urbild selbst zu schauen uns ge-
    wöhnen.
Dies ists, was ein Adept in allem
    Schönen sieht,
Was in der Sonn ihm strahlt und in der
    Rose blüht.
Der Sinnensklave klebt, wie Vögel an
    der Stange,
An einem Lilienhals, an einer Rosen-
    wange;
Der Weise sieht und liebt im Schönen
    der Natur
Vom Unvergänglichen die abgedrückte
    Spur.
Der Seele Fittich wächst in diesen
    geistigen Strahlen,
Die, aus dem Ursprungsquell des Lichts
Ergossen, die Natur bis an den Rand
    des Nichts
Mit fern nachahmenden, nicht eignen
    Farben malen.
Sie wächst, entfaltet sich, wagt immer
    höhern Flug,
Und trinkt aus reinern Wollustbächen;
Ihr tut nichts Sterbliches genug.
Ja, Götterlust kann einen Durst nicht
    schwächen,
Denn nur die Quelle stillt. So, meine
    Freunde, wird,
Was andre Sterbliche aus Mangel

Der höhern Scheidekunst, gleich einer
    Flieg am Angel
Zu süßem Untergange kirrt,
So wird es für den echten Weisen
Ein Flügelpferd zu überirdischen Reisen.

Friedrich Schiller (1759—1805)

Reiterlied

Wohlauf, Kameraden, aufs Pferd,
    aufs Pferd!
Ins Feld, in die Freiheit gezogen.
Im Felde, da ist der Mann noch was wert,
Da wird das Herz noch gewogen,
Da tritt kein anderer für ihn ein,
Auf sich selber steht er da ganz allein.

Aus der Welt die Freiheit verschwunden
    ist,
Man sieht nur Herren und Knechte;
Die Falschheit herrschet, die Hinterlist
Bei dem feigen Menschengeschlechte;
Der dem Tod ins Angesicht schauen
    kann,
Der Soldat allein ist der freie Mann.

Des Lebens Ängste, er wirft sie weg,
Hat nicht mehr zu fürchten, zu sorgen;
Er reitet dem Schicksal entgegen keck,
Trifft's heute nicht, trifft es doch
    morgen;

Friedrich Schiller
(1759—1805)

Friedrich Hölderlin
(1770—1843)

Eduard Mörike
(1804—1875)

Friedrich Theodor Vischer
(1807—1887)

Und trifft es morgen, so lasset uns heut
Noch schlürfen die Neige der köstlichen
    Zeit!

Drum frisch, Kameraden, den Rappen
    gezäumt,
Die Brust im Gefechte gelüftet!
Die Jugend brauset, das Leben schäumt;
Frisch auf, eh der Geist noch verdüftet!
Und setzet ihr nicht das Leben ein,
Nie wird euch das Leben gewonnen sein!

Friedrich Hölderlin (1770—1843)

Menschenbeifall

Ist nicht heilig mein Herz,
    schöneren Lebens voll,
Seit ich liebe!
    Warum achtet ihr mich mehr,
Da ich stolzer und wilder,
Wortereicher und leerer war.
Ach, der Menge gefällt,
    Was auf dem Marktplatz taugt
Und es ehret der Knecht
    nur dem Gewaltsamen:
An das Göttliche glauben
Die allein, die es selber sind.

Ludwig Uhland (1787—1862)

Die Kapelle

Droben stehet die Kapelle,
Schauet still ins Tal hinab,
Drunten singt bei Wies' und Quelle
Froh und hell der Hirtenknab.

Traurig tönt das Glöcklein nieder,
Schauerlich der Leichenchor;
Stille sind die frohen Lieder,
Und der Knabe lauscht empor.

Droben bringt man sie zu Grabe,
Die sich freuten in dem Tal;
Hirtenknabe, Hirtenknabe!
Dir auch singt man dort einmal.

Friedrich Theodor Vischer (1807—1887)

Über Uhlands Persönlichkeit

Uhlands Benehmen ermangelte sehr fühlbar der Leichtigkeit. Er gehörte bekanntlich zu den »hartnäckigen Schweigern«. Zwar was Varnhagen's bekannte Äußerung betrifft, so hört' ich ihn, kurz nachdem sie gedruckt erschienen, sagen: Neben Varnhagen habe man freilich schweigsam erscheinen müssen, weil er so viel gesprochen habe, daß andern blutwenig übrig geblieben sei; indes es ist wahr, Uhland zählte zu einem Geschlechte von Menschen, das wohl in keinem Volke so häufig vorkommt wie im deutschen, und wenn ich recht beobachtet habe, in keinem Stamme, wie im schwäbischen: tiefe, gehaltvolle, reichgebildete Naturen, denen ein Dämon, ein Tick die Lippen schließt!... Wir würden Uhland sehr Unrecht tun, wenn wir in diesem Knoten, diesem Zaudern der Natur, diesem wunderlichen Nichtkönnen den einzigen Grund seiner Schweigsamkeit suchen würden; nein, viel häufiger, als er nicht konnte, *wollte* er nicht. Da war es Extrem des Widerwillens gegen Geschwätz.

Eine Uhland-Anekdote

Uhland gehörte von 1819 an durch Jahrzehnte der württembergischen Ständekammer an und zählte 1848 auch zu der Nationalversammlung in der Paulskirche in Frankfurt. Er war zeitlebens ein gottesfürchtiger Mann, aber jede Hervorkehrung religiöser Gefühle war ihm zuwider. Als ein Abgeordneter der württembergischen Ständekammer den Antrag stellte, jede Sitzung mit einem Gebet zu eröffnen, meldete sich Uhland zu Wort und sagte: »Meine Herren Abgeordneten, wir sollten bedenken, daß geschrieben steht: Wenn du betest, so gehe in dein Kämmerlein, und daß es nirgends heißt: Dann gehe in die Kammer!« Unter allgemeiner Heiterkeit wurde der Antrag seines Vorredners abgelehnt.

Ludwig Uhland

Der gute Kamerad

Ich hatt' einen Kameraden,
Einen bessern find'st du nit,
Die Trommel schlug zum Streite,
Er ging an meiner Seite
In gleichem Schritt und Tritt.

Eine Kugel kam geflogen,
Gilt es mir oder gilt es dir?
Ihn hat es weggerissen,
Er liegt mir zu den Füßen,
Als wär's ein Stück von mir.

Will mir die Hand noch reichen,
Derweil ich eben lad':
Kann dir die Hand nicht geben,
Bleib du im ew'gen Leben
Mein guter Kamerad!   (1809)

*Die Dichter Ludwig Uhland und Gustav Schwab
bei Justinus Kerner in Weinsberg
(Nach einem Steindruck von Breitschwerdt)*

Gustav Schwab (1792—1850)

Das Gewitter

Urahne, Großmutter, Mutter und Kind
In dumpfer Stube beisammen sind;
Es spielet das Kind, die Mutter sich
  schmückt,
Großmutter spinnet, Urahne gebückt
Sitzt hinter dem Ofen im Pfühl —
Wie wehen die Lüfte so schwül!

Das Kind spricht: »Morgen ists Feiertag,
Wie will ich spielen im grünen Hag,
Wie will ich springen durch Tal und Höhn,
Wie will ich pflücken viel Blumen schön;
Dem Anger, dem bin ich hold!«
Hört ihrs, wie der Donner grollt?

Die Mutter spricht: »Morgen ists
  Feiertag,
Da halten wir alle fröhlich Gelag,
Ich selber, ich rüste mein Feierkleid;
Das Leben, es hat auch Lust nach Leid,
Dann scheint die Sonne wie Gold!«
Hört ihrs, wie der Donner grollt?

Großmutter spricht: »Morgen ists Feier-
  tag,
Großmutter hat keinen Feiertag,
Sie kochet das Mahl, sie spinnet das
  Kleid,
Das Leben ist Sorg und viel Arbeit;
Wohl dem, der tat, was er sollt!« —
Hört ihrs, wie der Donner grollt?

Urahne spricht: »Morgen ists Feiertag,
Am liebsten morgen ich sterben mag:
Ich kann nicht singen und scherzen
  mehr,
Ich kann nicht sorgen und schaffen
  schwer,
Was tu ich noch auf der Welt?« —
Seht ihr, wie der Blitz dort fällt?

Sie hörens nicht, sie sehens nicht,
Es flammet die Stube wie lauter Licht:
Urahne, Großmutter, Mutter und Kind
Vom Strahl miteinander getroffen sind,
Vier Leben endet ein Schlag —
Und morgen ists Feiertag.

Justinus Kerner (1786—1862)

Wanderlied

Wohlauf! noch getrunken
Den funkelnden Wein!
Ade nun, ihr Lieben!
Geschieden muß sein.
Ade nun, ihr Berge,
Du väterlich Haus!
Es treibt in die Ferne
Mich mächtig hinaus.

Die Sonne, sie bleibet
Am Himmel nicht stehn,
Es treibt sie, durch Länder
Und Meere zu gehn.

Die Woge nicht haftet
Am einsamen Strand,
Die Stürme, sie brausen
Mit Macht durch das Land.

Mit eilenden Wolken
Der Vogel dort zieht,
Und singt in der Ferne
Ein heimatlich Lied.
So treibt es den Burschen
Durch Wälder und Feld,
Zu gleichen der Mutter,
Der wandernden Welt.

Da grüßen ihn Vögel
Bekannt überm Meer,
Sie flogen von Fluren
Der Heimat hierher;
Da duften die Blumen
Vertraulich um ihn
Sie trieben vom Lande
Die Lüfte dahin.

Die Vögel sie kennen
Sein väterlich Haus,
Die Blumen einst pflanzt er
Der Liebe zum Strauß,
Und Liebe, die folgt ihm,
Sie geht ihm zur Hand:
So wird ihm zur Heimat
Das ferneste Land.

August Lämmle

Kerner-Anekdoten

Anläßlich eines Besuches im Kernerhaus äußerte David Friedrich Strauß im Scherz zu seinem geisterseherischen Freunde: »Jedesmal, wenn ich nach Weinsberg komme, ist es bei Ihnen mit dem Aberglauben ärger statt besser geworden.« Lachend erwiderte Kerner: »Sie haben gewiß recht, aber hierin können wir zwei Ludwigsburger uns aufs glücklichste ergänzen; je mehr Sie Mythen aus der Welt schaffen, um so mehr setz' ich wieder hinein — so bleibt die Welt im Gleichgewicht!«

Kerner und D. F. Strauß unterhielten sich über die Unsterblichkeit. Kerner vertrat die Ansicht, daß die Menschen die Unsterblichkeit eigentlich gar nicht verdienten, wohl aber die Tiere. »Aber der Mensch ist doch das edelste Geschöpf!« wandte Strauß ein. »Jo, e-n-eitels Rindviech ist er!« brummte Kerner.

Justinus Kerner war mit seinem Sohn Theobald in Stuttgart zu Besuch. Er benützte die Gelegenheit, sich für den alten abgetragenen Hut einen neuen zu kaufen. Als die beiden vom Marktplatz an der Stiftskirche gegen das Alte Schloß hingingen, zog Justinus den Hut ab und machte grüßend eine tiefe Verbeugung. — »Wen hast du gegrüßt?« fragte Theobald. —

»Den Schiller!« sagte Justinus und zeigte auf das Denkmal von Thorwaldsen, »den Schiller! Der erste Gruß mit einem neuen Hut soll einem rechten Manne gelten!«

Eduard Mörike (1804—1875)

Er ists

Frühling läßt sein blaues Band
Wieder flattern durch die Lüfte;
Süße, wohlbekannte Düfte
Streifen ahnungsvoll das Land.
Veilchen träumen schon,
Wollen balde kommen. —
Horch, von fern ein leiser Harfenton!
Frühling, ja du bists!
Dich hab ich vernommen!

Theodor Storm (1817—1888)

Besuch bei Eduard Mörike

Aus einem Brief vom 28. September 1855 an Hartmuth Brinkmann in Rendsburg.

Auf dem Bahnhofe in Stuttgart empfing mich nicht Mörike — er gab gerade seine einzige Unterrichtsstunde (Literaturstunde) am Katharineum —, sondern sein Dir aus den Gedichten bekannter Freund Wilhelm Hartlaub, der Pfarrer in der Nähe ist, und Mörike oft besucht, ausgerüstet mit einem lateinischen Beglaubigungs-schreiben Mörikes: »Salve Theodore! Negotio publico distentua amicum, ut meo loce to excipiat, mitto carissimum.« Hartlaub ist eine hagere, fadenscheinige Pfarrerfigur, aber mit einem innerlich sehr ernsten Wesen und unter den Verehrern seines Freundes der erste. Auf dem Wege zu Mörike erzählte er mir, daß dort, was ich noch nicht wußte, vor vier Monaten ein Töchterchen, Fanny, angelangt und daß »der Eduard« sehr glücklich sei. »Sie kommen zur glücklichen Stunde«, sagte er, »der Eduard hat was vollendet, was von überwältigender Schönheit ist«.

Als wir anlangten, war Mörike noch nicht da. Hartlaub ging, die Frau Doktorin zu holen. Ich besah mir das Quartier. Sie wohnen drei Treppen hoch, sind einfach, aber behaglich eingerichtet. Die Möbel, wie überall im Süden, von Nußbaum, was mir sehr gefiel.

An den Wänden einige gute Bilder und Raritäten. Aus den Fenstern sieht man zwischen den gegenüberliegenden Häusern hindurch auf Weinberge, die die Stadt umgeben.

Bald kam Frau Gretchen — eine schlanke Gestalt von 35 Jahren, mit edlen Gesichtszügen und besonders schönen, sanften und dabei doch schelmischen Augen, aber mit einem sehr wetterbraunen Teint...

Frau Gretchen hieß mich im allerschwäbischsten Akzent willkommen und setzte mir zum Frühstück gesottene Kringel, ungesalzene Butter und Käse vor, nebst selbstgezogenem Wein, der natürlich wie Wasser aus Biergläsern getrunken wurde. Dann kam Eduard Mörike. Er sieht beweglicher, nicht so bürgerlich vornehm aus, wie auf dem Dir bekannten Bilde, obgleich er bei Gelegenheit sehr vornehm soll sein können. Denn ein hiesiger Bekannter, der ihn besuchte und wohl nicht recht mit ihm zu Gange gekommen ist, meinte auf diese Äußerung: »Den Teufel auch!« Seine feinen Züge sind etwas verfallen, er ist kränklich. Hypochonder, so daß ihm nur ein paar Stunden Arbeitsfähigkeit des Tages bleiben. Er ist jetzt 50 Jahre alt. Er nahm mich bei beiden Händen, guckte mir in die Augen und sagte zu seiner Frau gewandt: »Gelt, Alte, so haben wir uns ihn ungefähr vorgestellt.« Mein und Constanzes Bild hängen seit einem Jahr über seinem Sofa. Er ist in seinem Wesen ganz wie in seinen Schriften. Mir ist nie ein Mensch vorgekommen, der sich mit einer solchen Gegenständlichkeit ausdrückt. »Als ich vorhin bin heraufgekomme, hab ich mir die Stufe müsse darauf ansehe, ob wohl der Storm darüber gestiege is.« Dann führte er mich in die Schlafstube und zeigte mir zwei Rotkehlchen. Ich hatte ihm von meines Vaters Spleen geschrieben. »Richtige Gold- und Silberfäde ziehe sie heraus; sie singe so leise, man meint, sie wolle das Kind nit wecke...«

Eduard Mörike

Der Petrefaktensammler

An zwei Freundinnen

Einmal noch an eurer Seite,
Meinen Hammer im Geleite,
Jene Frickenhauser Pfade,
Links und rechts und krumm und grade,
An dem Bächlein hin zu scherzen,
Dies verlangte mich von Herzen.
Aber dann mit tausend Freuden
Gleich den Hügel auf zu weiden,
Drin die goldnen Ammoniten,
Lias-Terebratuliten,
Pentakrinen auch, die zarten,
Alle sich zusammenscharten, —
Den uns gar nicht ungelegen
Just ein warmer Sommerregen
Ausgefurcht und abgewaschen,
Denn so füllt man sich die Taschen.
Auf dem Boden Hand und Knie,
Kriecht man fort, o süße Müh'!
Und dazwischen mit Entzücken
Nach der Alb hinaufzublicken,
Deren burggekrönte Wände
Unser sonnig Talgelände,
Rebengrün und Wald und Wiesen
Streng mit dunkeln Schatten schließen?
Welche liebliche Magie,
Uns im Rücken, übten sie.
Eben noch in Sonne glimmend
Und in leichtem Dufte schwimmend,

Sieht man schwarz empor sie steigen,
Wie die blaue Nacht am Tag!
Blau, wie nur ein Traum es zeigen,
Doch kein Maler tuschen mag.
Seht, sie scheinen nah' zu rücken,
Immer näher, immer dichter,
Und die gelben Regenlichter
All' in unser Tal zu drücken!
Wahrlich, Schönres sah ich nie!

Wenn man nur an solcher Stätte
Zeit genug zum Schauen hätte!
Wißt ihr was? genießt ihr beiden
Gründlich diese Herrlichkeiten,
Auch für mich genießet sie!
Denn mich fickt' es allerdinge,
Wenn das rein verloren ginge.
Doch, den Zweck nicht zu verlieren,
Will ich jetzt auf allen vieren
Nach besagten Terebrateln
noch ein Stückchen weiter kratteln;
Das ist auch wohl Poesie.

Peter Lahnstein

Der grobe Mörike

Die Schwaben rühmen sich gern ihrer Grobheit. Das tun andere deutsche Stämme in Süd und Nord auch — »im Deutschen lügt man, wenn man höflich ist« — und manche vielleicht mit größerem Recht; unsere Nachbarn überm Lech zum Beispiel. Und doch gibt es unter den Grobheitsgewächsen Germaniens eines, das mir spezifisch württembergisch erscheint, nicht eigentlich schwäbisch, denn es ist nicht so sehr aus dem schwäbischen Stammescharakter erwachsen, sondern als eigentümliche Frucht einer wichtigen Periode der Geschichte Alt-Württembergs. Ich meine die fast grobianisch betonte Derbheit, die gerade im gebildeten Bürgertum Württembergs weithin üblich war und vielfach noch ist.

Wirklich finden wir grobianische Derbheit auch unter den Zarten und Frömmsten. Selbst ein Mörike macht keine Ausnahme. In seinen Zeichnungen und seinen Briefen überraschen uns Grobschlächtigkeiten, zumal aus jungen Jahren, die dieser anima candidissima eigentlich fremd sind; vollends finden wir in Briefen der Freunde Zitate aus seinem Munde, die man kaum wiedergeben kann. Wir wollen schicklicherweise eine Briefstelle zitieren, mit der unsere Behauptung nur von ungefähr belegt wird, die dafür übersonnt ist von dem ganzen anmutigen Humor des jungen Mörike. Er schreibt 1832 aus Ochsenwang an Friedrich Theodor Vischer: »Ich halte mir einen Staren. Ich bitte Dich, das wäre was für Dich! Da gibt's Bemerkungen über den tierischen Humor! Tue Dir doch einen ein. Auf den Frühling wenigstens in Dein Schlafzimmer. Du hast tausend Freuden von dem Spitzbuben. Nur eins bedingt er sich aus, und diese Kondition zählt er Dir gleich in der ersten Minute, da er ins Zimmer steigt, ärschlings redlich auf den Boden. Aber auch das gehört zu seinen schönsten Amüsements. Nur ein Beispiel. Er nahm seinen Nachtsitz neulich auf dem Rand meines Potchambers, das ich nicht wußte, ihm sonst auch nie eingefallen war zu tun.

Um ein Uhr wach ich auf und mache mein klein Geschäfte, sehe den Halunken im Mondschein, wie er verwundert umguckt, sich aber nur auf eine andere Seite rückt und übrigens nichts dagegen hat, daß ich den Strahl neben ihm hinablasse. Mit wahrer Rührung stellte ich das Gefäß ganz sachte wieder an seinen Ort, und er und ich schliefen wieder ein...«

Es sei hier beiläufig vermerkt, daß die sanitären Einrichtungen (und entsprechenden Bräuche) im Tübinger Stift noch zu Beginn des 20. Jahrhunderts urwüchsig waren, um einen milden Ausdruck zu gebrauchen. Es ist des Landes Brauch, und zwar gerade auch Brauch bei vielen Gelehrten und »Stillen« im Lande, die physiologischen Vorgänge, die die Kehrseite vom Essen und Trinken darstellen, mit schier forcierter Unbekümmertheit zu behandeln. Damit hängt wohl auch zusammen, daß die rauhe Einladung des fränkischen Ritters Götz von Berlichingen zum »schwäbischen Gruß« geworden ist.

Wie Eduard Mörike zu seinem Staren kam, erzählt uns

August Lämmle
Star und Theolog

Als Eduard Mörike eines Tages in Tübingen durch die Neckargasse ging, kam er auch an einem Haus vorbei, vor dessen Fenstern Wäsche aufgehängt war. Wie er so in die Luft schaute, sah er Stück für Stück herunterfallen. Im gleichen Augenblick streckte auch schon die Bewohnerin ihren Kopf aus dem Fenster und eine wüste Schimpfkanonade ergoß sich in die friedliche Stille, die bis dahin in der Gasse geherrscht hatte.

Mörike hätte gern gewußt, wem nun eigentlich der Zorn der lauten Wäscherin galt. Und da entdeckte er, daß droben ein Star auf dem Seil saß und die Wäscheklammern Stück für Stück wegzog, so daß auch automatisch die weißen Krägelchen auf die Gasse in den Rinnstein fallen mußten. Er verstand durchaus ihren Ärger, aber was konnte schon dieses unvernünftige Tier dafür? Der Star flog in seine Behausung zurück, indessen zwischen seiner Herrin und der gekränkten Nachbarin sehr heftig über sein Schicksal hin und hergestritten und lamentiert wurde. Es ging dabei um nichts anderes als darum, daß der Vogel aus der Welt geschafft werden sollte.

Als Eduard Mörike das hörte, glaubte er doch, eingreifen zu müssen. Es gelang ihm, die ganze Sache in Ordnung zu bringen, indem er das drollige Tier »adoptierte«, womit er zur Wiederherstellung des Friedens in der Neckargasse beitrug.

Der Star muß sich mit ihm recht gut angefreundet haben, denn er zog mit seinem Pflegevater auch noch in das Cleversulzbacher Pfarrhaus — drunten bei Heilbronn — ein, wo er noch ein beschauliches Dasein geführt haben soll. Ob er sich auch dort als Wäscheabnehmer betätigt hat, ist dem Chronisten nicht bekannt.

Georg Herwegh
(1817—1875)

Aus dem Bundeslied des Allgemeinen deutschen Arbeitervereins

Mann der Arbeit, aufgewacht!
Und erkenne deine Macht!
Alle Räder stehen still,
Wenn dein starker Arm es will.
Brich das Doppeljoch entzwei!
Brich die Not der Sklaverei!
Brich die Sklaverei der Not!
Brot ist Freiheit, Freiheit Brot!

Wilhelm Ganzhorn
(1818—1880)

Das stille Tal

Im schönsten Wiesengrunde
Ist meiner Heimat Haus;
Da zog ich manche Stunde
Ins Tal hinaus.

Dich mein stilles Tal,
Grüß ich tausendmal!
Da zog ich manche Stunde
Ins Tal hinaus.

Muß aus dem Tal jetzt scheiden,
Wo alles Lust und Klang;
Das ist mein herbstes Leiden,
Mein letzter Gang.
    Dich mein stilles Tal,
    Grüß ich tausendmal!
Das ist mein herbstes Leiden,
Mein letzter Gang.

Sterb ich — in Tales Grunde
Will ich begraben sein;
Singt mir zur letzten Stunde
Beim Abendschein:
    Dich, mein stilles Tal,
    Grüß ich tausendmal!
Singt mir zur letzten Stunde,
Beim Abendschein.

Georg Schwarz

Im schönsten Wiesengrunde

In was für eine peinliche Lage die Verehrer der Dichtkunst oft ihren Dichter versetzen können, steht meist nicht in den Biographien und Literaturgeschichten. Jean Paul wurde des öfteren nur mit Hemd und Hose bekleidet, in herabhängenden Socken umherwandelnd, von seinen Verehrerinnen überrascht. Mörike streckte, im Bette liegend, seinen Gästen die nackten Zehen zum Gruß entgegen — aber Wilhelm Ganzhorn, dem Dichter des viel gesungenen Liedes »Im schönsten Wiesengrunde«, erging es von allen am schlimmsten.

Er war eines Sommerabends von Neckarsulm, wo er Amtsrichter war, durch einen der schönsten Wiesengründe an den Neckar gegangen, in der Absicht zu baden. Er entkleidete sich, hängte seine Sachen an den Ästen einer alten Weide auf und sprang ins Wasser. Badehosen kannte Ganzhorn nicht. Sternlicherfunken tanzten auf den Wellen, das Wasser war warm, und der Spiegelmond schnitt die drolligsten Gesichter. Ganzhorn ließ sich flußabwärts treiben.

Nach einer guten Stunde dachte er ans Heimgehen, stieg ans Ufer und eilte im nassen, saftigen Gras der Stelle zu, wo seine Kleider hingen. Da vernahm er holden Gitarrenklang und Liedgesang. Fremde Durchreisende hatten sich unweit von seinem natürlichen Kleiderständer niedergelassen, lagen im Gras und schauten in den Mond. — Und da ertönte das Lied, dessen Text der Amtsrichter gedichtet hatte. Waren sie von den höflichen Neckarsulmern an den Badeplatz des Dichters verwiesen worden? Ganzhorn versteckte sich so rasch wie möglich. In diesem Zustand durfte er sich nicht sehen lassen vor seinen Verehrern.

Aber diese wichen nicht. Ganzhorn sah ein, daß es völlig nutzlos war, in der kühl werdenden Abendluft den Abzug der fremden Herren und Damen abzuwarten, und als er auf dem gegenüberliegenden Neckarufer ein Licht in der ihm bekannten Dorfschenke aufblitzen sah, ließ er Kleider und Verehrer im Stich, schwamm hinüber und gelangte auf allen vieren kriechend und Deckung suchend in den Wirtsgarten.

Hinter dem Pumpbrunnen verbarg er seinen nassen Leib, lugte mit dem Kopf um die Ecke, und als die Wirtin am Küchenfenster erschien, rief er ihr mit Donnerstimme zu, sie möge ihm ihr größtes Tischtuch herunterwerfen. Die Frau erkannte ihn an der Stimme, und weil er der Amtsrichter war, glaubte sie ihm nichts abschlagen zu dürfen. Alsbald erschien zur Verwunderung aller Stammgäste im Weinstübchen ein Mann mit langer weißer Toga im würdigen Senatorenschritt. Alles verstummte. War das nicht der Amtsrichter von Neckarsulm?

War der Mensch verrückt geworden? Nein, er setzte sich ganz vernünftig an den Tisch, verlangte eine Flasche vorjährigen Trollinger und griff mit nackten Armen nach dem Glas. Einige befragten ihn erstaunt — und Ganzhorn erzählte mit todernstem Gesicht, daß er auf der Flucht sei. Die guten Bürger glaubten ihm, meinten, er sei aus dem Bette aufgejagt worden

und unbekleidet geflohen, einige boten ihm Kleider an, andere Geld, aber Ganzhorn lehnte alles mit ernstem Gesicht ab. Unterdessen sprach er tüchtig dem Wein zu. Er erging sich in dunklen Anspielungen über die Gründe seiner Flucht, und die ängstlich dreinschauenden Biedermänner sperrten Mund und Nasen auf. Aber die Miene des Dichters wurde heiterer, je länger er saß, er sagte, daß er sein Schicksal tragen wolle, so schwer es auch sei, aber seinen Freunden dürfe er den Abend nicht mit trüber Laune verderben. Lange nach Mitternacht brachen die Versammelten in neugieriger Erwartung auf und geleiteten den Flüchtling in seinem wallenden Gewande durch die Neckarwiesen; denn dieser gab vor, noch einmal im Schutze des Dunkels ans andere Ufer schwimmen zu müssen, um drüben das Nötigste zu ordnen. Dann nahm er bewegt Abschied, ließ, am Ufer angelangt, rasch die Tischtuchhülle fallen, warf sich in den Fluß und schwamm im Dunkel der Nacht davon.

Am andern Tag war im Heilbronner Blatt zu lesen:
»Meine Besuche empfange ich wie bisher tagsüber in meiner Kanzlei — und nicht in den Wiesengründen am Neckar.

Wilhelm Ganzhorn,
Oberamtsrichter in Neckarsulm

*Damit sei's genug mit unseren »Großen«!
Das »Volk« der Dichter soll auch zu Wort kommen:*

Christian Späth (1819—1887)
Weiland Ochsenmetzger zu Tübingen

Vaterländische Gedichte

Vorwort

Dem Wunsche vieler Freunde entsprechend, habe ich mich entschlossen, im 62. Jahre *meine,* als *Liebhaber* für die *Poesie,* von mir als *Diletant* verfaßten Gedichte im Druck erscheinen zu lassen, und bitte daher um gefl. Nachsicht in Beurteilung derselben.

Von zarter Jugend an, von meinen lieben Eltern als ältester Sohn bei dem großen, weit ausgedehnten Geschäfts-Betrieb zur Arbeit und Unterstützung in Landwirtschaft, Handel und Gewerbe angehalten, mußte ich dem Willen des Vaters folgend, öfters die Schule versäumen.

Ich besuchte vom fünften bis zehnten Jahre die deutsche Volksschule, hernach das Lyceum allhier, um die lateinische Sprache zu lernen; diese erlernte ich mit großem Erfolge, was ich in meinem Alter noch wirklich, trotz meines ganz niedern Berufes, nachweisen kann.

Nicht zum Studium bestimmt, habe ich also weder Griechisch, Hebräisch, sondern Latein gelernt, meine Eltern stets treu unterstützt und meine Familie durch Arbeit, Sparsamkeit, Gesundheit so ernährt und erhalten, trotz allen Hindernissen, daß ich für dieselbe in jeder Hinsicht gesorgt habe, und nun im Alter ausrufen kann:

Ich habe den Lauf am Eurotas bei Tag und Nacht durchgemacht, die spartanische Blutsuppe gegessen: Ich wähle deshalb das Wort: Attempto. *(Anmerkung: Es handelt sich hier um den Wahlspruch des Gründers der Universität, Graf Eberhard im Bart: »Ich hab's gewagt!«)*

Meine Gedichte habe ich neben Feldarbeit, Handel und Gewerbe, ohne Papier und Buch auf freien Fluren in der Natur gemacht.

Mögen meine Gedichte der hier anwesenden akademischen Jugend Freude gewähren und mit Wohlwollen aufgenommen werden. Ihren verehrlichen Eltern, Gönnern und Freunden in nah und fern eine Erinnerung an die Alma mater Eberhardina Carolina immerhin sein. —

Meminisse juvabit. — *Der Verfasser*

Motto

Der Mond braust durch das Neckartal,
Die Wolken sehen aus wie Stahl,
Und in den Straßen sieht man nix
Als nur die Tücke des Geschicks.

Der Metzger und der Dichter

Wenn ich als Metzger Pfade reise
Um Mitternacht, wenn alles ruhig ist,
So strahlt mir noch als letzte Freude
Der Dichtkunst helles reines Licht.

Ein edler Geist schwebt zu mir nieder,
Von edlen Werken möcht ich singen,
Zum Ziele führen diese Lieder
Mich rasch auf Adlers-Schwingen.

In Höhern alsdann angekommen,
Sah ich Edles bei dem Guten steh'n,
Und manchen reinen Klang vernommen,
Erhebend und bezaubernd schön.

Die Dichterschar winkt mir zum Gruß
So freundlich und ganz liebreich,
Bringt schnell daher den Pegasus,
Besteige ich ihn doch gleich.

Kaum war ich auf dem edlen Roß,
Jage mit ihm durch die Luft,
Da kam ich von der Hütt' ins Schloß,
Besinge dann stets mit Lust.

Noch oft und viel um Mitternacht
Macht ich den stolzen Ritt,
Und ist die Morgenstund erwacht,
War fertig manch' Gedicht.

In manchem Dörflein zieh ich ein,
Da hat es keine Not,
Kauf Kälber dort und fette Schwein,
Das schafft mein täglich Brot.

Das erste Gaslicht
in Tübingen im Jahre 1862

Werde Licht, sprach einst der große
  Meister,
Als er diese schöne Erde schuf;
Große Kräfte, höhere Geister
Folgten diesem mächtigen Ruf.

An dem fernen Osten zeigte
Sich zuerst ein lichter Kranz,
Aurora in dem Purpurkleide
Kam voran dem Sonnenglanz.

Als am Abend Dämmrung aufgezogen,
Schwere Nacht die Erde umgehüllt,
Steigt am schönen Himmelsbogen
Heller der Mond im Silberbild.

Und der Sterne schöne Scharen
Reihten sich zu einem Tanz,
Schön am Himmel sich zu paaren,
Es war doch nicht Tagesglanz.

Alles dies sind Himmelslichter,
Nicht dem Menschen untertan,
Blaß und dunkel die Gesichter
In der Nacht der Erdenbahn.

Unsrer Zeit war's vorenthalten,
Niemand hat daran gedacht,
Licht der Erde zu entfalten
Aus dem dunklen Kohlenschacht.

Schimmere hell in Saal und Kammer,
Gebe Licht dem Handwerksmann,
Bücher, Werkzeug und der Hammer
Seien dir stets untertan.

Und dein helles Licht vereine
Uns zu einem starken Band,
Daß Tubinga's Stadtgemeinde
Blühe in dem Schwabenland.

Leuchte hell der Wissenschaft,
Die ihr geistig Licht hier sendet,
Prange in der Musenstadt,
Mater alma Segen spendet.

Wie das Rathaus prangt im Feuerglanz,
So soll's in unsern Herzen brennen,
Nicht Zwietracht, nicht der Zwittertanz
Soll uns im edeln Streben hemmen.

Die Eintracht leuchte uns voran
Im Wirken und im Streben,
Dann ziehen wir auf des Lichtes Bahn
Froh durch dies ird'sche Leben.

Wenn dann uns einst das Auge bricht,
Mit Goethe rufen: noch mehr Licht.

Die Mündung der Steinlach
in den Neckar

Dort in der Berge tiefen Gründen
Weilt eine Jungfrau sanft und frei;
Doch droht ein Berggeist sie zu finden,
So fliehet sie in wilder Scheu.

Und durch die Felder, durch die Wiesen
Strömt sie dahin in Ungetüme,
Zerstöret dann in ihrem Fließen
Die Brücken, Fluren und die Dämme.

Der Neckar hat mit ihr Erbarmen
Und nimmt in seinen sichern Lauf
So liebevoll mit kräft'gen Armen
Die schöne Maid, die Steinlach, auf.

*Die elfte Strophe seines Gedichtes — zum
300jährigen Bestehen der Stuttgarter und
Tübinger Stadtreiter verdient besondere
Beachtung!*
Nehmt die Mädchen und Frauen zur Hand,
Sie werden die Freuden stets mehren
Und zieren, ja stärken unser Band,
Weil sie uns die Reiter gebären.

93

Schwäbische Originalität

Von drei Seelenhirten, einem Oberamtsrichter und einem Bundespräsidenten

Johann Friedrich Flattich
(1773—1791)
Pfarrer in Asperg, Metterzimmern und Münchingen

Pietismus

Was ist ein Pietist?
Nichts als ein frommer Christ,
Auf den der Herzog schlägt,
Dem man den Beutel fegt,
Der den Soldat logiert
Und dabei selber friert!
Wen wundert's, daß er gern
Sucht einen besseren Herrn
Und find't in Jesus Christ?
Das ist ein Pietist!

Georg Schwarz

Die Prüfung

Pfarrer Flattich war von Natur hitzigen Blutes, das heißt jähzornig und auffahrend, und er gab sich eine wahre Herkulesmühe, dieses Temperament zu dämpfen und zu unterdrücken. Der Alltag der Ehe aber, so sagte er sich immerwährend, würde diese seine schwache Seite einmal bloßlegen, und vor nichts fürchtete er sich mehr als davor, seiner Braut eine Enttäuschung zu bereiten. Es war nötig, daß sie seine Schwäche kennenlernte, um ihn zu verstehen, ja um ihn im Kampf gegen die Unart zu unterstützen oder, um sich zu üben, ihn ertragen zu lernen.

Er sann und sann, wie er Margarete prüfen könne, ob sie auch genügend Geduld und Nachsicht für ihn habe, und er fand zuletzt ein Mittel, das in der Geschichte nur ein einziges Mal erprobt wurde und den Experimentator ganz zufriedenstellte, vor dessen Anwendung aber die Folgegeschlechter gewarnt sind! Gleich wird davon die Rede sein!

Am Abend unsres Tages versammelte sich das Brautpaar mit den zwei Trauzeugen und dem frommen Obersten Rieger, der von der Feste Hohenasperg herabgeeilt war, um seinen Garnisonsprediger zu beglückwünschen, in der großen Stube des Pfarrhauses um einige Becher schwäbischen Weines.

Man war in heiterer, doch nicht übermütiger Stimmung, als dem Obersten einfiel, den Prediger zu fragen, von welchen Rücksichten er bei der Wahl seiner Frau ausgegangen sei.

Flattich hatte nichts so wohl erwogen wie dieses und antwortete: »Wer heiraten will, darf vor allen Dingen kein Stiefweib nehmen!« — sagte er wie die selbstverständlichste Sache und nahm einen Schluck.

Der Oberst lachte hellauf, aber der blinde Pfarrkollege erklärte ernsthaft: »Hier liegt ein tiefsinniger Flattichismus vor!«

»Ist das was Ähnliches wie der Katechismus« fragte der Oberst lachend.

»O nein!« erwiderte der Blinde und netzte die Zunge ein wenig am feuchten Glasrand, »ein Flattichismus ist ein festverschnürter Sack mit fertigen Gedanken! Ich meine immer, ich müßte dahinterkommen und komm nicht dahinter! Also, Flattich, was verstehe ich unter einem Stiefweib?«

Flattich war gern bereit, seine Sachen zu erklären und fragte aufs neue: Ob man wisse, was Stiefkinder seien? —

Das wisse man schon! sagte der Oberst.

»Also,« fuhr Flattich fort, »wie man das Stiefkinder heißt, wenn man ein Weib, die Kinder hat, heiratet und die Kinder dazunimmt, so — ist das ein Stiefweib, wenn man ein Vermögen heiratet und das Weib um des Vermögens willen dazu nimmt!

Kurz und gut. Wer nicht ehrlich heiratet, nimmt sich ein Stiefweib!«

»Jetzt verstehen wir!« sagte der Oberst. »Wie gut habt Ihr das ausgedacht. Nun aber weiter! Nach welchen Rücksichten wähltet Ihr noch?«

»Ich habe,« antwortete Flattich bedächtig, »noch eine andere Sache erwogen, als ich heiraten wollte, und die Sache« — er wandte sich plötzlich an seine Braut, sah sie ernst und prüfend an, holte blitzschnell aus und gab ihr eine mäßige Ohrfeige — »dieselbe Sache muß noch entschieden werden!«

Der Oberst sprang zornig auf. »Aber Flattich, ist Er verrückt geworden?«

Margarete wußte gar nicht, wie ihr geschehen war. Noch eben hatte er ihr so ernst und redlich ins Gesicht geblickt, dann hatte er ihr einen Backenstreich gegeben. Sie konnte sich nur denken, daß sie ihn mit irgend etwas erzürnt hatte, und dachte sich in ihrer Bescheidenheit: Vielleicht ist mir recht geschehen?! — und bat ihn mit den Augen still um Verzeihung. Da fiel er ihr an die Brust, ja noch mehr, er weinte Tränen der Freude und des überströmenden Glücks und stammelte: »Liebe Margarete, ich habe wissen müssen, ob du mich in Geduld erträgst, wenn ich aus der Haut fahre. Die Probe mußte ich haben! Nun weiß ich's, daß ich einen Erdenengel geheiratet habe. Eine, die mir einen Backenstreich verzeiht, wird mir noch mehr verzeihen! Ach, und dies vollbringt ein Mensch! Wie viel tiefer wird Gottes Verzeihung und Gnade für mich sein! Margarete, du hast bestanden! Ich verspreche dir aber hoch und heilig, und diese da sind Zeugen, daß ich mich hüten werde vor dem ersten bösen Wort, vor dem ersten Streit in unserer Ehe, so wahr ich dein Friedrich bin!« Der Oberst hatte, während Flattich das Geheimnis des Backenstreiches enthüllte, langsam seine Miene verändert, und nun, als der Prediger sein Versprechen gab, erhob er sich feierlich, gab der Pfarrerin einen keuschen Kuß auf die Wange und sagte zu ihr:

»Sie hat Ihre Feuerprobe bestanden, Margarete! Ein Weib, das solche Geduld hat wie Sie, muß keinen Backenstreich mehr von ihrem Manne befürchten!

Es war — Ihr Ritterschlag!«

Ernst Müller

Der Kieselstein

Berühmt und doch nicht im üblichen Schema gehalten sind die Ratschläge, die Flattich bei ehelichen Zwistigkeiten gab. Ein Weib, das der Pfarrer wegen ihrer leichten Zunge gut kannte, beklagte sich über die tägliche Betrunkenheit ihres Mannes. Flattich riet ihr, an den Bach zu gehen, sich einen Kiesel zu holen, diesen unter die Zunge zu legen und genau darauf zu achten, daß er liegen bleibt. Das werde helfen. Die Frau befolgte den Rat, Aberglaube bestimmte sie, die Wirkung trat sofort ein, der betrunkene Mann verprügelte an diesem Tag und den folgenden sein Weib nicht. Die Eheleute gingen ohne Streit ins Bett. Das kommt dem Mann seltsam vor, er erzählt das Wunder den Zechkameraden, man beschließt en compagnie im Haus des Mannes zu saufen und die Geduld des Weibes auf eine harte Probe zu stellen. Beim Anblick der Zechenden wäre sie beinahe losgepoltert, besinnt sich aber auf den Kieselstein, legt ihn unter die Zunge und tut, was man ihr befiehlt, zum Staunen aller. Dieses Übermaß von Gehorsam und Geduld rührte zuletzt den Mann, er ging in sich, und es gab in Münchingen ein friedlich-frommes Ehepaar mehr. Nach erfolgter Kur wurde das Weib dann von ihrem Pfarrer über den Kieselstein und seine Funktion aufgeklärt.

August Lämmle

Die Auswahl

Wenn ein Bauer einen Knecht hat oder einen Taglöhner, so kann er jede Stunde zu ihm sagen, so und so will ich's haben; und so geschieht's dann auch, denn sie schaffen ja zusammen. Der Pfarrer von Metterzimmer aber mußte sich auf den Verstand und den Fleiß seines Taglöhners verlassen; denn solange dieser im Garten oder im Wingert des Pfarrguts, das einen wesentlichen Teil der Pfarrbesoldung einbringen mußte, säte und grub und hackte und erntete, mußte der Pfarrer der Seelsorge nachgehen oder Predigt studieren oder den Kranken einen Trost bringen.

Wenn der Pfarrer einen fand, der auf seines Herrn Nutzen aus war, ging es gut; im andern Falle aber ging's bös. Es war nicht möglich, das zum voraus zu wissen, weil die Taglöhner im Orte nicht zu haben waren und arbeitsuchende Wanderer eingestellt werden mußten. Flattich wußte sich zu helfen.

Wenn einer den Klopfer an der Pfarrhaustür anschlug und um Arbeit fragte, so führte ihn Flattich ums Haus herum in seinen Obstgarten, gab ihm Haue und Schaufel, Axt und Säge und wies ihm einen schönen, gesunden Apfel- oder Birnbaum, sagte, er solle den Baum umschlagen. Wenn der Mann sich willig an die anbefohlene Arbeit machen wollte, hielt ihn Flattich ab, gab ihm etwas anderes zu schaffen, schickte ihn aber Abends oder am anderen Tag wieder weiter. — Wenn aber einer sich unwillig zeigte und dem Pfarrer erwiderte, das könne nicht sein Ernst sein und es wäre schad um den Baum, der im besten Tragen sei, und es wäre eine Sünd — da wies auch ihm Flattich eine andere Arbeit an, aber er behielt ihn und vertraute ihm ruhig sein Gut.

*

Zur selben Zeit wie der herzoglich-württembergische Pfarrer *Flattich* wirkte im oberschwäbischen Prämonstratenser-Reichsstift Obermarchtal bzw. in der Pfarrei Dieterskirch Pater *Sebastian Sailer*. Er gilt mit seinen burlesken weltlichen und biblischen Dialekt-Kommödien als Vater der schwäbischen Mundartdichtung.

97

Sebastian Sailer (1714—1777)

Die Erschaffung Adams aus der »Schöpfung«

Komm Odam, komm hutig,
  komm laß di verschaffa.
da weascht mi ganz freudig
  bald leabig a'gaffa;
da muescht a Mensch weare
  und hau', was da witt,
häb' nu' a klois Weile,
  und reg die fei' itt.

So lang i beim Häfner
  dees Handwerk hau' trieba,
ischt mar nia koi' Leatta
  im Finger so blieba.
Geduldig, liabs Odamle!
  glei ischt as g'schea,
bald sollscht du easse
  und schwätze und g'sea.

Gugg, hoscht jo a Härle
  as wia a Parocka,
a wackers Schnautzbätle,
  a G'säß au zum Hocka.
Da hoscht scheane Wada
  und Schenkala dra',
da muescht mar halt
  weare a sauberer Ma'.

A kugelrundes Bäuchle,
  an Rucka dahinda,

a Hälsle, ma soll jo
  koi netters itt finda.
A Goscha, zwoi Auga,
  zwoi Auhra, a Nas',
an Schoitel, a Blassa,
  gelt Odam! i ka's.

Botz, botz, botz!
Ischt dees a Leattaner Klotz.

98

Alfred Weitnauer

Pfarrer Michael von Jung
der Dichter und Sänger
(1781—1858)

Der ehrsame Schneidermeister Johannes Jung zu Saulgau hätte es sich gewiß in seinen kühnsten Träumen nicht einfallen lassen, daß ausgerechnet das kummerlichste Büble von den neun Kindern, die ihm sein treues Eheweib geboren hatte, daß ausgerechnet das armselige, kleine Michele, das am 29. September, am Tag des himmlischen Drachentöters St. Michael, anno 1781 das Licht der schwäbischen Welt erblickte, eines Tages von Seiner Majestät dem König von Württemberg mit einem silbernen Orden dekoriert, zum Ritter ernannt und in den Adelsstand erhoben würde. Und der ehrengeachteten Kindbetterin Anna Maria Jungin, die eine fromme, christ-katholische Seele war, wäre gewiß in ihren drückendsten Alpträumen nicht in den Sinn gekommen, daß eben dieses ihr Michele als ein Gesalbter des Herrn und ordnungsgemäß bestallter Pfarrherr seiner gottgesetzten kirchlichen Obrigkeit dereins mehrfaches Ärgernis geben und deshalb zu Ende seiner geistlichen Laufbahn von seinem Bischof zur Strafe und anderen zum abscheulichen Exempel nach Tettnang versetzt werden würde. Das hat die gute Mutter nicht zu

ahnen vermocht und gottlob auch nicht mehr zu erleben brauchen.

1796 bezog das Michele die Lateinschule zu Überlingen, 1801 der schon etwas größere Michel die Universität Salzburg. 1806 erhielt Michael Jung die Priesterweihe und eine Vikarstelle in Erolzheim. 1811 die Pfarrstelle im nahegelegenen Kirchdorf. Da die Pfarrer jener Zeit, vor allem auf bescheiden dotierten Pfarrstellen, nebenbei eine Landwirtschaft betreiben mußten, um leben zu können, versorgte Pfarrer Jung zu seines Leibes Nahrung und Notdurft neben den ihm anbefohlenen Schäflein auch ein Pferd und ein paar Kühe.

Wahrscheinlich wäre das Leben Pfarrer Jungs Jahr für Jahr ohne sonderlich aufregende Ereignisse abgelaufen wie das Leben von tausend anderen Landpfarrern, hätte nicht der wackere Söldner Konrad Beck, ein unbekannter Kämpfer der Freiheitskriege, nach seiner Militärentlassung aus Frankreich einige Typhus-Bazillen in das friedliche Pfarrdörflein Kirchdorf mitgebracht. Dieses Dörflein war während der schweren, das ganze Land entvölkernden Typhusepidemie des Jahres 1814 insofern ein Ausnahmefall, als hier ein Mann der gefährlichen Seuche mutig und mit Sachkenntnis entgegentrat. Während die Wundärzte und Chirurgen landauf landab ohne ersichtlichen Erfolg die Kranken durch Verabreichung von

Pfarrer Ritter Michael von Jung

Der König von Württemberg verlieh Pfarrer Jung von Kirchdorf »wegen seines ausgezeichneten Benehmens bei der Nervenfieber-Epidemie« am 18. Mai 1814 den königlich-württembergischen Zivil-Verdienstorden, eine Auszeichnung, mit der die Erhebung in den Adelsstand verbunden war. Dieser Orden, den Pfarrer Jung von nun an zeitlebens trug, werktags auf dem eigenhändig dafür gefertigten schwarzen Frack, sonntags auf dem Meßgewand, bedeutet den Höhepunkt seines Lebens. Die hohe Auszeichnung gibt ihm bis zum Ende seiner Tage den notwendigen Rückhalt, gegenüber Amtsbrüdern und Vorgesetzten, das zu sagen und zu tun, was er, Michael von Jung, als Ritter des königlich-württembergischen Zivil-Verdienstordens, zu sagen und zu tun für richtig hält. Dazu gehört u. a., daß er die landesüblichen Leichenpredigten bei Begräbnissen durch selbstverfaßte Grablieder ersetzt. Diese Jungschen Grablieder, eine Mischung von hausbackener Frömmigkeit und fortschrittsbeflissener Aufklärung, das Ganze durchtränkt mit einem Schuß Suppenkaspar-Moral, sang Pfarrer Jung unter eigenhändiger Gitarrebegleitung an den Gräbern von Kindern und Greisen, von Jungfrauen und Invaliden, von mehr oder weniger gerechten Gastwirten, Schullehrern, Trunkenbolden und Malefizpersonen. In diesen selbstverfertigten Liedern beklagt

Schlottermilch zu heilen hofften, gelang es Pfarrer Jung durch umsichtige und richtige Maßnahmen, nicht nur sich selbst, sondern viele seiner Pfarrkinder vom Typhus zu kurieren.

Pfarrer Jung nicht nur den Tod des Da-
hingegangenen; er schildert vor allem bis
in die kleinsten Einzelheiten, warum es
passiert ist; und sofern es ein Unglücks-
fall war, sagt Pfarrer Jung auch, wie dieser nach seiner Meinung hätte vermieden
werden können. Denn Pfarrer Jung ist
der Meinung, daß der Mensch auch sei-
nerseits ein wenig auf sich aufpassen und
seinen Schutzengel nicht über Gebühr
strapazieren sollte.

*

*Gegen den Widerstand seines Bischofs hat
Ritter von Jung seine Grablieder unter
dem Titel »Melpomene oder Grablieder«
1839 bei Ganser in Ottobeuren veröffent-
licht.*

Bei dem Grabe eines Mannes, der bei einem Diebstahl ums Leben kam

Hier hat ein junger Bösewicht
sein frühes Grab gefunden;
denn ach! es ist sein Lebenslicht
bei einer Tat verschwunden,
die durch das siebente Gebot
der heilige, gerechte Gott
bei Strafe streng verboten.

Er hatte früh das Stehlen schon
gelernt bei seinen Eltern,

und nahm sich selbsten seinen Lohn
aus seiner Herrn Behältern,
wo er als Bub in Diensten stand,
und wußte mit geschickter Hand
schon Schlösser aufzumachen.

Und wenn er dann nach Hause kam
mit den gestohlnen Sachen,
so strafte man ihn nicht und nahm
dieselben an mit Lachen,
und sagte: Büble! bring nur mehr,
und pfanzte so die böse Lehr
schon früh in seinem Busen.

Auch war er bei der größten Kraft
dem Müßiggang ergeben,
genoß dabei den edlen Saft
der Gerste und der Reben
in einem großen Übermaß;
es war daher kein Wunder, daß
hiezu das Geld ihm fehlte.

Doch wollte seine Dieberei
bei weitem nicht erklecken,
die Schulden seiner Schwelgerei
und Spielsucht zu decken;
er schlug daher geheim ins Ohr
dem Wirt ein Zahlungsmittel vor,
und ihm ein Schwein zu liefern.

Er kannte nämlich seinen Mann
im hehlerischen Wirte
und wußte, daß mit diesem Plan
er sich bei ihm nicht irrte;

101

der Wirt nahm diesen Vorschlag an,
und dieser Bösewicht begann,
denselben auszuführen.

Er ging daher bei schwarzer Nacht
zu dem bekannten Stalle;
der Türe Schloß ward aufgemacht,
und im Entdeckungsfalle
war er schon auf die Flucht bereit,
wo ihn die große Dunkelheit
Vor dem Erkennen schützte.

Er paßte auf: da rührte sich
kein Mäuschen auf die Weite;
er faßte also Mut und schlich
sich näher seiner Beute,
kroch langsam in den Stall hinein
und tappte nach dem zahmen Schwein,
um es beim Kopf zu fühlen.

Er suchte also nach dem Ohr
und schmeichelte dem Schweine,
dann zog er einen Stein hervor
und schlug mit diesem Steine
das Schwein so heftig ins Genick,
daß es im ersten Augenblick
sich nicht mehr regen konnte.

Er nahm die hintern Füß und band
zusammen sie mit Stricken,
wodurch ein großes Loch entstand,
und schwang es auf den Rücken,
und steckte seinen Kopf hinein,
um so das zentnerschwere Schwein
bequemer fortzutragen.

Er kam mit seinem Raub beschwert
zum Zaun von einem Garten,
der ihm den Übergang verwehrt;
doch ohne lang zu warten,
erstieg er schnell des Zaunes Höh.
Auf einmal glitschte er, o weh!
und blieb am Zaune hangen.

Die Last des Schweines blieb zurück
bei dem Hinüberstürzen;
da würgte ihn am Hals der Strick,
sein Leben abzukürzen;
und schnürte seine Kehle zu;
so war sein Atemzug im Nu
gehemmt in seinem Halse.

So fand man ihn am Tag erstickt
an seinem Raube hangen;
die Kehle war ihm zugestrickt,
und so der Dieb gefangen.

Dem ist, so sagte jedermann,
wie man auch wahrlich sagen kann,
dem ist sein Recht geschehen.

Allein es sind ja noch viel mehr
am Stehlen schuld die Hehler,
denn sicher, wenn kein Hehler wär,
so wäre auch kein Stehler,
und wer den Dieben Unterschlauf
gewährt, ist schuld, wenn ihren Lauf
am Galgen sie beschließen.

Hier hat der Zufall selbst getan,
was sonst geschehen wäre,
weil ja doch niemand sagen kann,
daß sich ein Dieb bekehre:
Er stiehlt und stiehlt und stiehlt so lang,
bis er zuletzt an einem Strang
sein Diebesleben endet.

Doch dürfen wir den Bruder nicht
verdammen hier im Grabe;
wer weiß, ob er bei dem Gericht
nicht Gnad gefunden habe,
weil ihm vielleicht von Jugend auf
zu einem frommen Lebenslauf
schon die Erziehung fehlte.

Bei dem Grabe einer vortrefflichen Sängerin, die an der Cholera starb

Dort modert Rittler Katharine;
die holde Sängerin entschlief
mit hochentzückter Engelsmiene,
als Gottes Vaterstimme rief;
Komm her in meinen Sängerchor
und sing mir deine Lieder vor!

Sie war die Tochter des gewandten
Schullehrers in dem Orte Pleß,
des exzellenten Musikanten,
der gründlich sie gelehret es,
was Musik ist und Singen heißt,
und was entzückt des Menschen Geist.

Sie hatte eine sanfte Kehle
und einen reinen Silberton,
und sang entzückt mit Leib und Seele
in ihrer zarten Jugend schon,
und übte fleißig sich darin
und ward die beste Sängerin.

Sie traf die fernesten Distanzen,
sang tief hinab und hoch hinauf,
und löste alle Dissonanzen
in schönsten Harmonien auf;
und hörend ihre Arien
blieb jedermann bezaubert stehn.

Und wenn in einem Liederkranze
ihr kräftiger Diskant erscholl,

so übertönte er das Ganze
in weiter Ferne, wie er soll,
und hielt den ganzen Chor exakt
im reinsten Ton und strengsten Takt.

Wenn sie mit ihrer sanften Kehle
gefühlvoll eine Solo sang,
und ihre reingestimmte Seele
durch alle Töne widerklang,
da lauschte jedes Kennerohr
von Seligkeit entzückt empor.

Und o! ich finde keine Worte,
zu schildern diese Präzision,
womit sie dem Pianoforte
entlockte seinen Zauberton,
und Es und Fis und Moll und Dur
war ihr zum leichten Spiele nur.

Doch es hierin so weit zu bringen,
war es bei ihr Natur und Kunst,
und ihre Fertigkeit im Singen
erwarb ihr jedes Kenners Gunst.
Kein Wunder nun, wenn ihr Gesang
bis in die Residenzstadt drang.

Sie wurde nun dahin berufen,
vor allen andern auserwählt
und auf des Hoftheaters Stufen
als erste Sängrin angestellt,
und ihre große Kunst bezahlt
mit einem prächtigen Gehalt.

Auf einmal kam mit schwarzem Siegel
ein Brief bei ihren Eltern an,
worin sie wie in einem Spiegel
von außen schon den Inhalt sahn;
sie öffneten mit Zittern ihn,
und ach, was lasen sie darin?

Es habe ihre Katharine
die Cholera in bester Kraft
und trotz der besten Medizine
in sieben Stunden hingerafft,
und daß sie sanft in Gott entschlief:
so lasen sie in diesem Brief.

Man denke sich der Eltern Schmerzen
bei diesem schrecklichen Bericht!
Die Pulse stehn in ihrem Herzen
vor Schrecken, und ihr Auge bricht
in einem heißen Tränenbach,
und laut ertönt ihr Weh und Ach!

Allein umsonst sind ihre Klagen;
es hat, ohn' alle Wiederkehr,
der Tochter letzter Puls geschlagen,
ihr teures Kind, es ist nicht mehr:
Es ist verloren für die Zeit,
doch nicht auch für die Ewigkeit.

Sie hätt' vielleicht auf dem Theater,
das oft der Sünde Gift versüßt,
die Herzensunschuld in zu später
Verzweiflung schmerzlich eingebüßt,
So daß die Cholera sogar
für ihre Seele besser war.

Nun ist ihr Geist zu Gott erhoben,
gezieret mit der Jungfernkron,
und wird die Liebe Gottes loben
mit hochentzücktem Jubelton,
der aus dem eitlen Lebenstanz
sie flocht in seinen Liederkranz.

Karl Setz

Wilhelm Dodel (1850—1934)
Der schwäbische Salomo

Zu Ebingen auf der Zollernalb verheirate-
te sich am 24. April 1849 der Witwer und
Rotgerber Wilhelm Adam Dodel mit der
Sattlerstochter Maria Magdalena Wohn-
has. Dieser Ehe entsproß am 25. März
1850 Wilhelm Dodel, der spätere sagenge-
rühmte Oberamtsrichter von Blaubeuren.
Als Wilhelm 13 Jahre alt war, starb die
Mutter. Wenig später heiratete der Vater
ihre jüngere Schwester. Die Stiefmutter
war nur neun Jahre älter als der angehei-
ratete Knabe.
Der verriet schon bald, daß er einen gesal-
zenen Schwabenverstand mitbekommen
hatte. Man meinte deshalb, daß er ein Jurist werden müsse. Gesagt, getan: Dodel
baute eines jener glänzenden Examina,
welches ihn in den Orden der schwäbischen »Röhrle« erhob und die Landes-
hauptstadt Stuttgart zu seinem präsump-
tiven Wohnsitz und Ruheort machte. Zuvor hatte er sich allerdings noch auf das
kurze Sprungbrett eines provinziellen
Amtsgerichts zu stellen. Im Jahre 1878
kam er als Amtsrichter nach Marbach.
Am 6. März 1882 ließ er sich in Söflingen
mit der dortigen Wirts- und Brauereibesit-
zerstochter Sofie Speidel trauen.
Dodels rauhe Älblernatur bekam den

105

Neckar-Unterländern nicht schlecht. Weniger Anklang fand sie bei dem Stuttgarter Justizminister von Faber. Wiederholte Bewerbungen des Amtsrichters Dodel um vakante Oberamtsrichterstellen im Land fielen durch. Erst nach der Ablösung der Exzellenz erhielt Dodel 1892 die Oberamtsrichterstelle in Blaubeuren.

Damit begannen die 21 Jahre seiner klassischen Tätigkeit als Richterkönig, am kleinen Gericht auf dem Blaubeurer Klosterhof. Landauf, landab in Württemberg war der Blaubeurer Oberamtsrichter bekannt als der »Schwäbische Salomo«, als »Blautopfkretzer« und vor allem — wie er sich selber nannte — als »dr Dodel vo Blaubeure«.

Am 15. September 1913 stieg der dreiundsechzigjährige Dodel vom Blaubeurer Richterstuhl herunter, zwei Jahre vor der gesetzlichen Altersgrenze. Er übersiedelte mit der Frau Oberamtsrichter nach Ulm, um seinem Sohn den Besuch des Gymnasiums zu erleichtern. Im Ulmer Stadtleben der zwanziger Jahre galt »dr Dodel vo Blaubeure« als eines jener räsen Originale, die die Münsterstadt an der Donau immer angezogen, geliebt und kultiviert hat. Nach dem Tod seiner Frau übersiedelte Dodel senex zu seinem Sohn nach Nürnberg. Hier starb er 1934 im Alter von 84 Jahren.

*

Der scharfe Eid

Schon als junger Richter hatte sich Dodel die Erkenntnis erwandert, daß am Anfang aller richterlichen Tätigkeit die Tatsachen-Feststellung steht.

Nicht immer tritt hier die Urkunde mit ihrem vermutlichen »Ja, ja — Nein, nein« auf den Plan; auch nicht das Geständnis als die, wiederum nicht immer unfehlbare, »regina probationis«. Der unentbehrliche Zeuge mit seiner Menschenqual war auch dem Richter Dodel gar bald zur Frage geworden. Die Prozeßordnungen haben hier zwar bei der Religion als Mittel der Wahrheits-Bekräftigung den Eid ausgeborgt. Man schwor ihn damals noch vor Kreuz, Kerzen und Bibel. Dennoch hatte schon der Assessor Dodel mitunter einem Schäfer, Viehhändler oder Bauern bedeuten müssen: »Do leget Se Ihre linke Hand uff mein' Tisch! Se kennet den Eid net ableite.«

War da nicht eine respektable Portion Aberglaube wirksam? Wie verhielt es sich daneben mit dem Glauben an Gott, den Allmächtigen und Allwissenden, in dessen angerufener Zeugen-Gegenwart diese Schäfer, Viehhändler und Bauern eines um das andere Mal zu schwören hatten, daß sie nicht logen?

»Meineid ist ein schweres Verbrechen, kommt vor das Schwurgericht und wird mit Zuchthaus bestraft!« Gut! Und das andere: »Die Heiligkeit und Wichtigkeit« des religiösen Eides? Sollte er seine Bauern und Bauernabkömmlinge wie jener bayerische Kollege also belehren: »Wenn ihr einen Meineid leistet, dann setzet Ihr euch noch den ernstesten Unannehmlichkeiten im Jenseits aus«! Sollte er da nicht doch gleich lieber jene respektable Portion von diesseitigem Aberglauben ungeschminkt und vollgewichtig in den Dienst der Wahrheitsfindung stellen? Samt der daran hängenden Angst um jene Dinge, auf denen mancher Mann mit beiden Füßen steht: »Ochs, Esel und alles, was sein ist.«

So war der Oberamtsrichter Dodel zu seinem berühmten »Scharfen Eid« gekommen. Schon die listenreichen Griechen hatten ihren schwach gewordenen Schwur zum »Großen Eid« gesteigert.

Von Fall zu Fall beschloß Dodel immer wieder: »Die milde Form des Eides erscheint dem Gericht hier nicht ausreichend. Es wird daher der scharfe Eid angeordnet«. Und zum Eidespflichtigen gewendet fuhr er fort: »Etz schwätzet Se mir noch: Wohr isch ond i lüeg net. So wahr mir sonst mein ganzes Vieh verrecken soll!«

Die Streitgenossenschaft Bock und Geiß

Eines Morgens war Dodel eines jener köstlichen Weglein hinaufgestiegen, die vor dem Horizont des Blaubeurer Talzirkus rasch und krumm zu einer der zahlreichen Nadeln und Brücken führen. Da stand nun der kleine, hagere Mann mit dem breitrandigen schwarzen Hut und dem kleinen Spitzbart wie auf einer Kanzel des Aachtals. Er überblickte an die hundert Morgen Himmel, in den draußen am Talende die Spohnsche Zementfabrik weiße Wolken blies. Drunten zu seinen Füßen hub die Altstadt ihren Tagesgang an. Im Seminar wälzten die Klassen eifrig Homer und Horaz, Pindar und Vergil. Doch daran konnte man nur mit den feinsten Spitzen der Seele rühren.

Anders die Welt der Handwerker und Banausen. Da dröhnte der Küfer am runden Bauch des Fasses, der Schmied klingelte am schwingenden Amboß. Vom Rathausplatz summte und zerfte, schepperte und meckerte es zu dem Hochsitz hinauf. Der Kleinvieh- und Krämermarkt des Oberamts Blaubeuren machte sich zusammen. Seinetwegen war Dodel hier emporgestiegen, um sich »auszuluften«, bevor der Markttag ihm seine Streite und Landstreicher ins Amtsgericht führte.

Nun sah er durch sein angezogenes Opernglas, wie in den Ständen auf dem

Katzenkopfpflaster blaue Monturen ausgehängt, Schürzen, Hemden und Unterhosen ausgelegt, Würste und Brezeln gestapelt wurden. Auch die Bettler hatten schon ihre Plätze an der scharfen Ecke bezogen. Eine dicke Häfnerin türmte Säulen aus Suppenschüsseln auf, unter denen Blumenvasen und Vasen der Nacht, irdene Krautkufen und die Venus von Milo standen.

Drüben auf dem Markt der Ziegen, Gänse, Stallhasen und Geltschafe kamen immer noch Neuzugänge; aus der Blautopfstraße heraus ein Seißener Bauer mit einem kapitalen Bock, die lange Bahnhofstraße herein eine Bäuerin aus Weiler mit einer vorlaut meckernden Geiß am Strickle. Weil nun mit der Geiß auch der Wind taleinwärts zog, hatte sie der erfahrene Bock in die Nase bekommen, ehe Bauer und Bäurin, aber auch der Richterkönig mit seinem Fernglas, an die Möglichkeit einer rechtlich relevanten Verwicklung dachten.

Genug, die Geiß zog an, der Bock riß an. Die Bäuerin kalkulierte dazu: Also kaufe ich halt zuerst den Milchhafen. Der Bauer resignierte dazu: Man kann auch zuerst den Bierkrug erstehen und dann den Malefizbock verhandeln. Da war auch schon das Strickle mit dem Bock gerissen. Der Bock rannte auf die Geiß zu. Im Schreck entfiel der Bäuerin das Strickle samt der Geiß. Die Geiß zeigte sich spröd und abgeneigt und lief vor dem Bock ins Geschirr hinein. Da wankten die Milchhäfen, Bierkrüge und die Venus von Milo. Darüber aber stand Dodel mit seinem Operngucker auf einem Gipfel des Lachens. Mit einem Ruck verließ er seinen olympischen Hochsitz und rannte das krumme Weglein hinunter, stracks seinem Amtsgericht zu. Denn drunten auf dem Marktplatz rief gerade der Polizeidiener der keifenden Häfnerin die bedeutenden Worte zu: »Fraule, he ischt he! Etzt müaßet Ihr halt älle mit einander zum Dodel ufs Amtsgricht!«

Als Dodel durchs Seminarpförtchen eilte, kamen durch den Klosterbogen wie eine verhagelte Prozession der Bauer, die Bäuerin und die Hafnersfrau gezogen. Jedes führte ein corpus delicti mit sich; der Bauer den Bock, die Bäuerin die Geiß und die Häfnerin zwei Drittel der Venus von Milo.

Beim Gerichtsschreiber wollten sie Klage und Klagebeantwortung zu Protokoll geben. Da trat ihnen Dodel entgegen, öffnete den Gerichtssaal und erklärte: »In Uirem Fall brauch i koine Akte. I hab Uich zuguckt.«

Ja, er hatte sich bereits droben auf seiner Kanzel der Landschaft das Grund-Urteil erlacht.

»Ihr wöllet Euch also net vergleiche?« fragte Dodel. Nein, sagten die drei, sonst wären sie ins »Lamm« gezogen.

»Also hat das Amtsgericht Blaubeuren für Recht erkannt: Die beklagte Bäuerin hat vier Teile und der beklagte Bauer zwei Teile der zerbrochenen Töpfe, Tassen, Teller, samt Venus und sonstigem zerschlagenem Geschirr an die Häfnerin zu bezahlen und dementsprechend die Kosten des Rechtsstreits zu tragen. Von Rechts wegen!«

Da starrte ihm sprachloses Schweigen entgegen. — »Entscheidungsgründe«, erklärte Dodel, »dia Goiß ischt mit vier Füß in dem G'schirr drenn g'stande, und der Bock bloß mit zwoi.«

Die Entscheidung nach der Höhe des Schadens haben die Parteien unschwer im »Lamm« gefunden, wobei immer wieder unter dröhnendem Lachen gerufen wurde: »Ja, wia hätt ma do au no andersch entscheide solle!«

Hanna Frielinghaus-Heuss

Anekdoten um Theodor Heuss (1884—1963)

Es wurde hin und her überlegt, wie und wo man am besten von der Villa Hammerschmidt, dem Wohnsitz des Bundespräsidenten, bis zum Bundespräsidialamt, in dem sein Arbeitszimmer lag, einen überdachten Gang bauen sollte, damit der Präsident unabhängig vom Wetter, sicher und geschützt, die etwa 40 Meter hinübergehen könnte. — Pläne wurden gezeichnet und Kostenvoranschläge gemacht, die in die Tausende gingen.

Das Problem wurde schließlich von Heuss durch einen kurzen Entschluß gelöst: Er kaufte für ganze 18 DM einen großen schwarzen, wie er ihn nannte, »fiskalischen« Schirm, der immer unten beim wachhabenden Kriminalbeamten griffbereit in einer Ecke stand.

*

Der Bundespräsident lustwandelte im Park. Als er an der bei der Koblenzer Straße postierten Wache vorbeiging, entdeckte er, daß er einen frankierten Privatbrief in der Tasche stecken hatte. Vom Tor aus konnte man den gelben Briefkasten sehen, der auf der anderen Straßenseite stand. Heuss ging auf den salutierenden Posten zu, gab ihm den Brief in die Hand und sagte: »werfen Sie ihn doch bitte gschwind ein, ich passe dann solange auf mich selber auf!«

*

Ein Jurist, spät aus russischer Gefangenschaft zurückgekehrt, hatte sich um eine Verwendung im Bundespräsidialamt beworben und mußte sich beim Präsidenten vorstellen. Nach der positiv verlaufenen

Unterredung entließ der Bundespräsident den Landsmann folgendermaßen:
»Lieber E., eins müsse Sie sich merke, wenn Sie jetzt bei uns anfange: Die Pflicht zum Widerspruch isch im Gehalt inbegriffe!«

*

Für den persönlichen Referenten des Bundespräsidenten, Ministerialdirigent Hans Bott, entstand, wenn bei Empfängen und Diners der offizielle Teil vorbei war, oft eine delikate Pflicht: er mußte den Präsidenten, der behaglich in ein Gespräch vertieft war, auf die vorgeschrittene Stunde aufmerksam machen. Das Protokoll bestimmte nämlich, daß niemand vor dem Bundespräsidenten den Raum verlassen durfte, und da kam manch einer, der mit der Müdigkeit kämpfte oder noch andere Verpflichtungen hatte, in Bedrängnis. Außerdem kostete, was bei der in Bonn berühmt-berüchtigten *schwäbischen* Sparsamkeit auch eine Rolle spielte, jedes längere Verweilen der Gäste auch ein Mehr an Aufwendungen für Getränke und Rauchwaren aus dem Repräsentationsfonds des Staates.

An einem Abend war am Tisch des Präsidenten wieder eine angeregte Unterhaltung im Gange, so daß dieser völlig die Zeit vergaß und es Bott wirklich nicht leicht fiel, diskret zum Aufbruch zu mahnen.

Brav stand der Präsident auf. — »Meine Herren«, verkündete er mit lauter Stimme, »der Bundespräsident geht — der Heuss bleibt hocke!«
Sprach's und setzte sich wieder hin.

*

Wohl seine kürzeste Rede hielt der Bundespräsident nach einer Feierstunde zu Ehren des Dichters Hermann Hesse in Stuttgart. — Während des geselligen Beisammenseins — es war an einem drückend-schwülen Sommertag — stand Heuss plötzlich auf. Alles verstummte und blickte zu ihm hin.
»Meine Herren, ich will keine Rede halten, mir ist's nur zu heiß, ich zieh den Kittel aus!« und schon hing der Rock über der Stuhllehne.
Die Anwesenden folgten vergnügt seinem Beispiel, bis auf einen 80jährigen hohen Beamten a. D., der die Ungeniertheit eines Bundespräsidenten nicht angemessen hielt und verdrossen weiterschwitzte.

*

Wer die Schwaben nicht kennt, weiß, nein ahnt es nicht, mit welch kraftvollen, man mag auch sagen derben Worten und Vergleichen sie umgehen, ohne daß sie dabei etwas Böses oder Beleidigendes denken. Bundespräsident Heuss, an den oft in rührend-naiver, nicht selten aber auch in unverschämt fordernder Weise Mögliches

110

und Unmögliches herangetragen wurde, machte sich einmal im kleinen Kreis mit den Worten Luft, er komme sich manchmal vor wie der »Kotzkübel der Bundesrepublik«.

Ein Journalist, der sich vielleicht verhört hatte oder dem Staatsoberhaupt eine solche grobe Ausdrucksweise nicht zutraute, oder der nicht wagte, diese Formulierung wiederzugeben, veröffentlichte hernach zum Ergötzen des Bundespräsidenten, dieser fühle sich oft als der »Kunstgiebel der Bundesrepublik«.

*

Die nie ausgehende Zigarre von Heuss regte oft zu Schätzungen und Kalkulationen über seinen täglichen Konsum an, und man hätte gar zu gern die genaue Anzahl gewußt. — Bei einem Staatsbankett beugte sich Adenauer über den Tisch und fragte vertraulich:
»Sajen Se mal, Herr Bundespräsident, wieviel Zijarren rauchen Se nun wirklich am Tach?« — Theodor Heuss reagierte:
»Von Ihnen, Herr Bundeskanzler, hätte ich eine intelligentere Frage erwartet!«

*

Ein Besucher im Bundespräsidialamt — es soll ein feiner Herr gewesen sein — mit dem Bundespräsidenten in ein reges Gespräch vertieft, wurde allmählich sichtlich unruhig und unkonzentriert, bis er sich

endlich den Mut nahm, zu sagen: »Herr Bundespräsident, darf ich Sie darauf aufmerksam machen, daß auf Ihrer Weste Asche liegt!«
Völlig gelassen kam die Antwort: »Des isch die g'wöhnt!«

*

Das Hebelfest in Lörrach, das jährlich am 10. Mai stattfindet, wird stets großartig begangen. Nach alter Tradition gibt es einen stattlichen Festzug, an dem Tausende, teils als Mitwirkende, teils als Zuschauer teilnehmen. Da der Hebelpreis abwechselnd an Deutsche, Franzosen und Schweizer verliehen wird, kommen zum Fest nicht nur Leute aus dem alemannischen Raum, sondern auch aus dem französischen Montbéliard und aus der Schweiz.

Für die Honoratioren und die vielen Gäste aus nah und fern war eine Tribüne aufgebaut worden, an der dann der Festzug vorbeizog. Als eine Weingärtnergruppe aus Istein vor der Tribüne angelangt war, blieb sie stehen. Ein Winzer trat hervor, goß eine ganze Literflasche Isteiner Wein in einen mächtigen Silberpokal und bot ihn dem Bundespräsidenten an. — Heuss nahm den Pokal. Irgendeine freche Laune hatte ihn, wie er hinterher gestand, ergriffen. Er trank und trank und hörte nicht mehr auf; vielleicht dachte er dabei an den Rothenburger Meistertrunk. Je-

111

denfalls trank er nicht des Weines und nicht des Durstes wegen, er achtete nicht auf die enttäuschten Gesichter derer, die auch auf einen erfrischenden Schluck warteten, er dachte auch nicht an das gesundheitliche Risiko, das er durch einen solch gewaltigen Trunk einging — er wollte einfach seine »Kapazität« ausprobieren. Unter dem Jubel der Menschen trank er den Riesenbecher leer und drehte ihn am Schluß noch um, zum Beweis, daß kein Tropfen mehr darin war.

Er nannte es selbst eine »Lausbuberei«, aber später hieß es, er habe sich in die Herzen der trinkfesten Markgräfler »hineingesoffen«.

Altbundespräsident Heuss beim 61. Deutschen Wandertag des Verbandes Deutscher Gebirgs- und Wandervereine am 5. August 1960 in Göppingen. Vgl. S. 156

Die Bürger von Brackenheim kamen in arge Verlegenheit, als sie im September 1949 erfuhren, daß Theodor Heuss zum Bundespräsidenten gewählt worden war, denn einen Monat vorher hatte der Gemeinderat beschlossen, eine Weinkelter zu bauen, und zwar genau auf dem Platz, auf dem das Geburtshaus von Theodor Heuss stand.

Man schickte Freunde vor, die vorsichtig in Erfahrung bringen sollten ob »der große Sohn ihrer Stadt« es vielleicht als Affront empfinden würde, wenn man bei diesem Entschluß bliebe.

Doch bald konnte man in Brackenheim erleichtert aufatmen, denn Heuss reagierte verständnisvoll und nüchtern: »Reißet's nur ab. Eine Genossenschaftskelter ist wichtiger als die Pseudosentimentalität einer fragwürdigen Architektur!«

Als ihm kurz danach in Brackenheim die Ehrenbürgerwürde verliehen wurde, brachte er seine Brackenheimer fast wieder in Verlegenheit, als er bei seiner Dankesrede verschmitzt meinte: »Kinder, Euch kommt es doch gar nicht auf das Haus an, sondern auf die Gedenktafel, die dort einmal angebracht werden soll. Da schreibt Ihr drauf: ›Hier stand das Geburtshaus von Theodor Heuss, dem Verfasser des bekannten Werkes ›Weinbau und Weingärtnerstand in Heilbronn‹. Später wurde er Bundespräsident.‹ «

112

Schwäbische Tragik

Hermann Baumhauer

Der Schneider von Ulm
(1770—1829)
Ein exemplarisches schwäbisches Schicksal

In einer Stadt wie Ulm, wo der Wettbewerb schwäbischer und bayerischer Biere Geschlecht um Geschlecht zu Stammtischtoleranz erzieht, darf schon mal einer in eine Schnapsidee verrannt sein. Hat er Glück, wie der Josef Furtenbach, der anno 1841 quasi hobbyweise in Ulm das erste deutsche Stadttheater gebaut hat, dann soll er nicht weiter davon reden, und hat er Pech, wie der Schneidermeister *Albrecht Berblinger,* der anno 1811 das Fliegen probieren wollte, dann verhilft ihm rauhbeinige Hänselei zu gnädigem Vergessen. Aber beim Berblinger machte die Ulmer Spottlust eine Ausnahme. Es mischte sich wohl zuviel »unbewältigte Vergangenheit« in das Lachen, das dem Schneider nach jenem ominösen 31. Mai 1811 auf den Fersen blieb.
Der Berblinger hatte an den Menschenflug geglaubt und war gescheitert: *»Der Schneider von Ulm hat's Fliegen probiert, da hat ihn der Teufel in d' Donau nei'gführt!«* – ein Kindervers, in dem man gelegentlich ein Verdikt wider sündhafte menschliche Vermessenheit hineininterpretiert hat. Doch dieser Schneidersturz war kein Engelssturz. Seit den Ballonversuchen der Brüder *Mongolfier* von 1783 lag ein Menschenflug nicht mehr jenseits der Vorstellbarkeit. 1784, am 16. Mai, hatte im Hof des oberschwäbischen Reichsstifts Ottobeuren der aus Gosbach bei Geislingen stammende Pater *Ulrich Schiegg* eine ähnlich konstruierte »Kugelmaschine« aufsteigen lassen, sein »Luftwanderer« flog bis in die Leutkircher Gegend.
Und was war schließlich auch der Schwingenflugapparat des Wiener Uhrmachers *Jakob Degen,* über den seit 1808 in allen Zeitungen zu lesen war. Nein, daß der Schneider das Fliegen probiert hatte, das war durchaus in Ordnung. Sein Vergehen bestand in der *Blamage für Ulm.* In der Blamage zur Unzeit vor einem Landesherrn, den man nicht mochte, aber brauchte, und vor Landsleuten, die Ulm

nicht mochten und der Stadt den Reinfall von Herzen gönnten.

Seit vierzehn Jahren war damals pausenlos am Glanz des großen alten Ulm geschabt worden. Zuerst 1796 von den Österreichern, als die Franzosen im Anrücken waren, zwei Tage lang räumten sie das Zeughaus aus, ein Tiefschlag gegen Ehre und Selbstbewußtsein. 1800 lagen die Franzosen in der Stadt. Sie boten 3 500 Bauern auf, um die Mauern der »uneinnehmbaren Reichsstadt« zu schleifen; nur Reste zweier Bastionen verblieben, eine davon war jene Adlerbastei an der Donau, von der dieser Berblinger... na ja. Zwei Jahre danach, am 31. August 1802, war Ulm von Napoleon den Bayern zugeschlagen worden; das neue »Vaterland« zuerst Kurbaiern, im Jahr darauf Kurpfalzbaiern und von 1808 an Königreich Bayern mit Y. Immerhin war Ulm in diesen acht bairischen beziehungsweise bayerischen Jahren Hauptstadt der Provinz Schwaben gewesen, bis am 24. April 1810 eine neuerliche Grenzfestlegung Ulm mit dem Land links der Donau zu Württemberg schlug. Und württembergisch geworden zu sein, das war, rundheraus gesagt, eine Schande. Warum, das zu erklären wäre eine lange Geschichte.

Und nun, Ende 1811, ein Jahr nachdem die Donau zur Staats- und Zollgrenze geworden war, hatte sich Ulms neuer Landesherr angesagt: König Friedrich von Württemberg. Sympathie hin oder her, die Lage befahl, den Gast günstig zu stimmen.

Die allgemeine Verarmung schritt fort, und der städtische Schuldenbeutel hing tief; es mußte gelingen, den König zur Übernahme des jährlichen Defizits der Stadtfinanzen zu bewegen. Und dazu gehörte ein würdiger Empfang und ein attraktives Programm, das alten Ärger vergessen ließ. Warum und wie bei den Vorbereitungen auch der Flugapparat des Albrecht Ludwig Berblinger mit ins Spiel kam, ist ungeklärt. Vielleicht durch einen zeitunglesenden Hofmann, der Friedrichs Vorliebe für »die witzigen Einfälle« kannte?

Berblinger, 1770 als Sohn eines städtischen Zeugamtsverwalters geboren, verlor früh den Vater. Er wuchs im Waisenhaus auf, war schon mit 21 Jahren Meister des Schneiderhandwerks und hatte sich in Ulms bayerischen Jahren schon mehrfach als Tüftler mit Ingenieursinstinkt ausgewiesen, bevor er 1811 mit seiner Sensation aufwartete: dem Flugapparat. Zwischen 1803 und 1808 hatte er wiederholt im »Intelligenzblatt« der Stadt »gut conditionierte Kinderchaisen« und sogar »Chaiseschlitten« zum Verkauf angeboten; 1808 um ein Patent dafür nachgesucht.

Für einen Scharlatan haben daher die Ulmer den Schneidermeister gewiß nicht ge-

D'r Schneider von Ulm im Jahre 1811.

Wenn da Onterhalteng witt
Freud' ond viel Vergnüaga
Lenk nach Ulm au Deine Schritt'

Brauchscht grad eta zfliaga:
Seit's dear Schneider hot probiert
Kois derzua en Gluscht maih gschpürt.

halten, als er am 24. April 1811 im Stuttgarter »Schwäbischen Merkur« bekanntgab, eine von ihm »nach einer unsäglichen Mühe in der Zeit mehrerer Monate mit Aufopferung einer sehr beträchtlichen Geld-Summe und mit Anwendung eines rastlosen Studiums der Mechanik erfundene Flugmaschine« sei von Heute an »bis an den Tag des Versuchs, der nebst der Stunde in diesen Blättern vorher genau angezeigt werden wird«, im Ulmer Gasthof zum Goldenen Kreuz »Zur Ansicht und zur Prüfung ausgestellt«. Wie viele kamen und ob der Schaustellung Flugversuche vorausgegangen waren, ist unbekannt. Jedenfalls war Berblinger von seiner Konstruktion überzeugt, als er am 27. Mai — wiederum im »Schwäbischen Merkur« — seinen »ersten Versuch« für Dienstag in der Pfingstwoche, den 4. Junius Nachmittags, »wenn die Witterung günstig ist« ankündigte. Und wenn nicht alle Zeichen trügen, erwarteten auch Ulms Stadtväter einen Erfolg, sonst wäre der Flug wohl kaum auf den Tag des Königsbesuchs vorverlegt worden: den 30. Mai 1811.

Es ging später die Mär, Berblinger habe diese Neuigkeit selbst in der Stadt verbreitet, hoch zu Roß, mit einer Phantasieschärpe geschmückt und Trompete blasend. Der närrische Schneider habe sich sogar anheischig gemacht, von der Plattform des Münsters herabzufliegen, was ihm der Magistrat verboten habe. Nun, Spott ist erfinderisch, beurkundet ist so gut wie nichts. Aber fürs erste war die Sensation vollkommen: Der König wollte dabei sein.

Berblinger hatte auf der Adlerbastei ein Gerüst errichten lassen, im Gleitflug die Schwingen bewegend wollte er das andere Ufer erreichen. Der König kam, Berblinger bestieg seine Absprungsbasis. Und hier ist nun der Punkt, von dem aus sich seit 1811 alles Weitere nach Gusto als Posse oder Tragikomödie darstellen ließ. Es empfiehlt sich also, von dem Flugversuch des 30. Mai nur das zu erzählen, was das Publikum zu sehen bekam. Nämlich nichts. Offenbar weil er keinen Aufwind unter den Schwingen verspürte, brach Berblinger das Experiment ab. Der König ließ sich nicht lumpen. Er zahlte dem Schneider die versprochenen 20 Louisdors und reiste ab, vom Ulmer Schuldenbeutel wollte er nichts wissen, vorläufig wenigstens.

Berblinger wiederholte den Flugversuch am darauffolgenden Tag in Gegenwart des königlichen Bruders Herzog Heinrich von Württemberg und vor einer großen schaulustigen Menge. Er habe, so berichtet eine persönliche Erinnerung, drei Viertelstunden lang auf dem Gerüst gestanden, habe gezögert, gezittert und leicht gewedelt und sei schließlich »weiß wie Backsteinkäs« gewesen, als er plötzlich ins Wasser gefallen sei. Auch darüber, warum er plötzlich absprang, entstanden zwei Versionen. Nach der einen erschrak er, weil der Herzog ihn »rauh ansprach, seine Kunst in Bälde zu vollziehen«, nach der andern gab ihm nach dieser herzoglichen Unmutsäußerung ein dienstbeflissener Polizeidiener einen Stoß. Kurz und gut, Berblinger fiel wie ein Sack ins Wasser und war von nun an »der Schneider von Ulm«. Es ist inzwischen fachmännisch erwiesen worden, daß Albrecht Berblinger kein Spinner war und sein »Flugsprung« unter günstigen Aufwindverhältnissen an einem andern Platz hätte gelingen können. Aber was soll's! Der Spott in Ulm, um Ulm und um Ulm rum hat den Berblinger langsam umgebracht. 1829 ist er im Spittel an Auszehrung gestorben. — Hätte dieser schwäbische Tüftler und Brettelesbohrer hundert oder zweihundert Jahre früher gelebt, so hätte sich wohl ein versöhnlicher Abgesang für ihn denken lassen.

116

Patriotisches –
Tapferkeit und Zivilcourage

Der »Schwabe« Graf Ferdinand von Zeppelin (1838—1917)

Die Zepelins (mit einem p) stammen aus Mecklenburg. Seit dem 18. Jahrhundert stand eine Seitenlinie in württembergischen Diensten und wurde in den Grafenstand erhoben. Oberdeutschem Sprachgebrauch folgend fügte die Familie ein zweites p in den Namen ein.

Des Luftschiffers Großvater Ferdinand Ludwig hat sich als württembergischer Außenminister bei Verhandlungen mit Napoleon I., Zar Alexander und Metternich 1813 einen Namen gemacht.

Graf Ferdinand von Zeppelin wurde 1838 als Sohn des Friedrich Graf von Zeppelin und der Gräfin Amélie, geborene Macaire d'Hoegguer (einem Genfer Emigrantengeschlecht) in Konstanz geboren. — Daß er hier trotzdem in den »erlauchten Kreis der Schwaben« aufgenommen wurde, erscheint im Hinblick auf seine Leistungen für das Königreich Württemberg gerechtfertigt. Über den Luftschiffer Graf Zeppelin vergißt man im übrigen allzuleicht, daß er von Beruf Kavallcricoffizier war,

der es im Königreich Württemberg bis zum hochrangigen General gebracht hat. Daneben hat er sich auch im diplomatischen Dienst ausgezeichnet. Erst nach seiner Pensionierung im Jahre 1905 konnte er mit der Verwirklichung seiner »fixen« Idee, lenkbare Luftschiffe zu bauen, beginnen.

Hier soll nun von einem Bravourstückchen die Rede sein, das sich der Hauptmann Graf Zeppelin zu Beginn des Siebziger Kriegs leistete. Als Kriegsberichterstatter wirkte damals kein geringerer als

Theodor Fontane (1819—1898)

Der Rekognoszierungsritt des Grafen Zeppelin
(gekürzt)

Am 23. Juli 1870 abends wurde dem württembergischen Generalstabshauptmann Grafen Zeppelin vom Chef des Badischen Generalstabes (die württembergische Reiterei war damals noch der badischen Division unterstellt), der Auftrag erteilt,

Graf Ferdinand von Zeppelin
als königlich-württembergischer General
der Kavallerie

durch Rekognoszierung zu erfahren, ob Mac Mahon's Truppen sich zu offensivem Vorgehen gegen die Lauter anschickten. — Badische Dragoner, weil an der Grenze stehend, sollten, an Stelle der noch hinter Karlsruhe kantonierenden württembergischen Reiter, den Grafen Zeppelin begleiten, welcher hierzu einen bis zwei Offiziere und zwei bis drei Unteroffiziere oder Dragoner auf möglichst guten Pferden wünschte. Als derselbe am 24. Juli früh von Durlach nach Hagenbach kam, fand es sich, daß mehrere Offiziere die Bitte gestellt hatten, die Rekognoszierung mitmachen zu dürfen, so daß Graf Zeppelin vier Offiziere (von Wechmar, von Villier, Winsloe, von Gayling) und acht Dragoner mitzunehmen hatte.

Die wenigen Lauter-Übergänge waren von Gendarmerie-Posten besetzt; doch gelang es, unentdeckt bis nahe an das Festungstor von Lauterburg zu kommen. Für diesen Fall hatte Graf Zeppelin, um zu prüfen, wie es in der kleinen Festung aussehe, bestimmt, dreist einzureiten und auf der Hauptstraße, deren Richtung allen beschrieben worden, vorzudringen. Die Überraschung mußte dies Stücklein ziemlich ungefährlich machen. So war es in der Tat; denn als diese ersten deutschen Reiter auf feindlichem Boden, den Säbel in der Faust, mit lautjubelndem Hurrah! ins Tor sprengten, stürzte die aus sechs bis acht Mann bestehende Wache zwar an die

118

Gewehre und schlug an, zum Feuern aber ließen es die flinken Reiter nicht kommen. Weiter gings in sausendem Galopp durch die Festung und zum andern Tore hinaus. In einiger Entfernung ließ Graf Zeppelin eine Telegraphenstange fällen und die Drähte abschneiden.

Der Plan des Grafen Zeppelin war der, zunächst südlich zu gehen, um zu erfahren, ob und welche feindlichen Truppen nordwärts des Hagenauer Waldes stünden, dann aber sich in dem hügeligen, für einen derartigen Ritt vorzüglich geeigneten Terrain zwischen Lauter und Hagenauer Wald westlich zu wenden, um etwaige Bewegungen feindlicher Truppen auf der Straße und Eisenbahn Hagenau—Weißenburg, später auf der Straße und Eisenbahn Hagenau—Bitsch, beobachten zu können.

Für den Marsch waren jedem seine Aufgaben zugewiesen; von Abschnitt zu Abschnitt wurde das Verhalten und die einzuschlagende Richtung vorgeschrieben. — Eine erhebliche Erschwerung des Rittes verursachte die große Hitze, verbunden mit solcher Trockenheit, daß nur in den Brunnen oder Zisternen der Ortschaften — und da spärlich genug — Wasser zu finden war.

Es konnte bald festgestellt werden, daß sich entlang dem Nordsaume des Hagenauer Waldes nur ein dünner Kordon von Kavallerie befand, verstärkt durch schwache Infanterie-Abteilungen an den Hauptausgängen des Waldes. Die Kavallerie patrouillierte ziemlich regelmäßig bis an die Lauter. Berittene Gendarmen, von wenigen Reitern begleitet, zogen regelmäßig Neuigkeiten bei den Maires der Ortschaften ein. Eine solche Patrouille wurde bei Cröttweiler überfallen und dabei ein Lanzier und ein Gendarm zu Gefangenen gemacht. Dabei wurde das Pferd des Grafen Zeppelin verwundet und mußte wegen starken Blutverlustes durch das französische Lanzierpferd ersetzt werden.

Von Cröttweiler aus schickte Graf Zeppelin Leutnant von Gayling mit drei Dragonern, seinem blessierten und einem Beutepferd zurück, um Meldung nach Karlsruhe zu erstatten. Es war wichtig, das bisher Erkundschaftete zur Kenntnis des Oberkommandos zu bringen. — Das unter Graf Zeppelin zurückgebliebene Gros der Rekognoszierungspatrouille verbrachte inzwischen die Nacht im Schonenburger Holz.

Am 25. Juli mit Tagesgrauen wurde aufgebrochen und, die Ortschaften vermeidend, entlang der Straße Sulz—Wörth vorgerückt. Im Walde jenseits Elsaßhausen, gegen elf Uhr, erschien ihm, bei der furchtbaren Hitze, die Ermattung der Pferde und Reiter zu groß, um sich dem fast unvermeidlichen Zusammentreffen mit dem Feinde auszusetzen. Die badischen Offiziere dagegen waren sämtlich der Ansicht, daß die Pferde ihre Reiter noch bis ins Gebirge wegtragen würden und bestimmten dadurch den Grafen Zeppelin, seinen ursprünglichen Plan auszuführen. Nicht lange darauf jedoch stellte es sich als unabweisbares, jetzt einstimmig anerkanntes Bedürfnis heraus, daß, vor Annäherung an die Straße, eine Rast zum Füttern und namentlich auch zum Tränken der Pferde gemacht werden müsse. Letzteres konnte, da sonst kein Wasser zu entdecken war, nur an einem Brunnen geschehen. Ein solcher mußte auf dem Scheuerlenhof sich befinden, in dessen Nähe man eben gelangt war.

Dieses östlich von Gundershofen einsam gelegene Gehöft beschloß Graf Zeppelin für die Rast zu wählen. Nach seiner Berechnung konnte eine überlegene Reiter-Abteilung, welche durch einen fahrenden oder reitenden Boten in der nächsten größeren Station benachrichtigt worden wäre, nicht vor einer Stunde eintreffen. Nach Verfluß von nicht ganz einer Stunde sollte man fertig und alles wieder im Sattel sein. Um dieser Anordnung nachzukommen, war ein gleichzeitiges Füttern aller Pferde nötig, die zu diesem Zweck in der Scheuer des Wirtshauses zusammengestellt wurden.

Die Pferde waren bereits getränkt und hatten Futter vor; eben wurde für die Reiter eine Schüssel dampfender Kartoffeln aufgetragen — da rief einer der ausgestellten Posten mit gellendem, nichts Gutes verheißendem Schreckenston sein »Raus!«

In vollem Galopp jagten mehrere stärkere feindliche Reiterabteilungen in den Hof. Sofort entspann sich ein lebhaftes Gefecht, indem man erst über den Hof sich zu den Pferden durchzuschlagen suchte, dann aber die Hauseingänge verteidigte. Einer der ersten Schüsse verwundete den Leutnant Winsloe tödlich. Auch zwei Dragoner wurden verwundet. Die Franzosen hatten Verlust: ein Unteroffizier tot, drei Mann und vier Pferde verwundet.

Bei der feindlichen Übermacht konnte die Gegenwehr nicht von langer Dauer sein. Um zu prüfen, wie die Lage hinter dem Hause und ob ein Entkommen dort möglich wäre, lief Graf Zeppelin, nachdem er für die Verteidigung des vorderen Eingangs gesorgt hatte, nach der Hintertüre. In der Nähe derselben hielt eine Bauersfrau ein französisches Kavalleriepferd am Zügel. Mit ein paar Sprüngen war Graf Zeppelin im Sattel. Als gleich darauf Leutnant von Wechmar mit zwei Dragonern aus derselben Türe stürzte, suchte Graf Zeppelin diesen durch Zurufen und Winken die Richtung nach einem Bache zu geben, der durch Hopfenanlagen gegen den nahen Wald sich hinzog. Immer hoffend, daß noch mehrere aus dem Hause entkommen möchten, verweilte er noch einige Augenblicke. Da aber wurde er entdeckt und von einem ganzen Trupp ange-

Volkstümliche Illustrationen zu Zeppelins berühmtem Ritt erschienen nicht nur in Büchern, sondern auch in Zeitungen und Zeitschriften.

hetzt, den er möglichst mitnahm, um dessen Aufmerksamkeit von von Wechmar und den Dragonern abzulenken.

Zum Glück war das Pferd gut. Ein kleines Gehölz brachte seine Verfolger von ihm ab. Kaum hatte er in vollem Rosseslauf ein zweites Gehölz erreicht und in einem Dickicht haltgemacht, als dicht vor ihm ein Zug Chasseurs vorübergaloppierte. — Er blieb unentdeckt. Schnell erkennend, daß jetzt der einzige Einsatz für sein Entkommen das Preisgeben des Pferdes und

121

der Versuch sein müsse, die Grenze zu Fuß zu gewinnen, band er dasselbe in dem Dickicht fest und eilte tiefer in das Holz. Dort erkletterte er einen hohen Baum, um sich in dessen Krone zu bergen und weiter ausblicken zu können.

Bald folgte dem ersten ein zweiter Zug Chasseurs, dann ein dritter, alles im Galopp. Sie sprengten durch und um das Gehölz, nach allen Richtungen. Mehrmals konnte er sie von seinem Hochstand aus unter sich hinreiten sehen. Gegen drei Stunden hatte er dort oben im Versteck gesessen, da ward es still. Nun stieg er herab und pürschte sich nach verschiedenen Seiten des Waldsaumes, überzeugte sich, daß sein Pferd noch in seinem Verstecke sich befand, — das gute Tier mußte lautlos und mauerfest gestanden haben, — durchsuchte auch die umliegenden Felder, stets hoffend, einen oder den andern seiner Gefährten aufzufinden. Über diesen Nachforschungen waren zwei weitere Stunden verflossen.

Nun galt es, seine Nachrichten zur Meldung zu bringen. Namentlich hatte er noch erkundet, daß Mac Mahon's Divisionen an der Linie Hagenau—Bitsch echeloniert (staffelweise aufgestellt) waren. Nach dem Holz zurückgekehrt und von einem Bauern und dessen Tochter mit Milch gelabt, bestieg er sein Pferd. Seine Karten, mit welchen er im Augenblicke des Überfalls sich beschäftigt hatte, waren auf dem Tische im Scheurlenhof zurückgeblieben. Ohne Menschen nach dem Wege fragen zu dürfen, mußte er sich durch rauhes, unwegsames Waldgebirge durchsuchen. In tiefer Nacht erreichte er in Sulztal die einsam, mitten im Walde gelegene Behausung eines Quäkers, wo er nächtigte.

Die Steilhänge des Lautertals zwischen Weißenburg und Bitsch nötigten Graf Zeppelin am nächsten Morgen, durch das Dorf Niedersteinbach und eine ziemlich lange Strecke auf der stark von feindlichen Patrouillen begangenen Straße Bitsch—Weißenburg zu reiten. Wenn ihm dort keine schärfere Aufmerksamkeit gewidmet wurde, so kam ihm ohne Zweifel zustatten, daß er sein Pferd mit französischer Ausrüstung ritt und ferner, daß damals die Uniformen aller Truppenteile der französischen Armee noch nicht allgemein aus Anschauung bekannt waren, so daß er für den Angehörigen einer französischen Waffengattung angesehen werden konnte; eine Täuschung, welche er durch unbefangene und zuversichtliche Haltung zu bestärken, selbstverständlich bestens bemüht war. Voll Dankes gegen Gott für seine Rettung betrat er bei Schönau in Rheinbayern den deutschen Boden wieder. Von da hatte er noch beinahe acht Meilen bis Karlsruhe zurückzulegen, wo er noch am Abend des 26. Juli seine Meldung erstattete.

122

Soweit der Kriegsberichter Theodor Fontane, der es im übrigen einem Glücksfall verdankte, daß er während des Feldzugs von den Franzosen nicht als Spion erschossen wurde. — Was die Kameraden des Grafen Zeppelin betrifft, so kehrten alle (mit Ausnahme des gefallenen Leutnants Winsloe) nach Kriegsende in die Heimat zurück.

Karl Hötzer

Der Handschuhmacher Johann Kirgis aus Balingen

Es war am 2. September 1870. Feierabendstimmung lag über unserem stillen Heimatstädtchen Balingen. Jedes ging seinen Verrichtungen nach, und mancher biedere Bürger machte sich auf den Weg zum Abendschoppen, um hier etwas von dem Gang der Ereignisse im Kampf gegen Frankreich zu erfahren. Eine stattliche Runde hatte sich im »Schwanen« zusammengefunden. Dort war die Post untergebracht, und es wurde um diese Zeit die Postkutsche von Tübingen her erwartet. Immer wieder mußte der Schwanenwirt die erregten Gemüter beschwichtigen und zur Geduld mahnen: »No' kuehl, ihr Manne! Uf ebbes Gwiißes ischt guet waarte! 's ischt noit Zeit!«
Auf einmal hörte man Pferdegetrappel, und gleich darauf hielt mit scharfem Ruck die gelbe Kutsche mit ihren zwei feurigen Rappen vor dem Haus. Statt vom Bock zu springen, blieb der Postillion in würdiger Haltung droben sitzen und blies hell in die Abendstille hinein: »Lieb Vaterland, magst ruhig sein, fest steht und treu die Wacht am Rhein!« Das fuhr den Bürgern in die Knochen! »Ha, wa bedeut ao dees? Do isch, mei' Sail, ebbes passiert!« so riefen sie aufgeregt durcheinander und drängten zur Tür hinaus. Der Postillion sprang flink von seinem hohen Sitz herab und rief den herbeiströmenden Männern und Frauen begeistert entgegen: »Ihr Leut, dr Napoleon ond dr Mac Mahon send gfange! Ei'sere Soldate hont bei Sedan a graoße Schlacht gwonne! Dr Krieg goht aus!«
Mehr konnte er nicht sagen. Ein Sturm der Begeisterung brach los. Alles eilte heim, die frohe Kunde zu verbreiten und bald hörte man aus allen Gassen und Winkeln die »Wacht am Rhein« erklingen. Als die Nacht hereinbrach, strahlten die Häuser im warmen Schein von unzähligen Kerzen, Laternen und Windlichtern, die auf den Gesimsen aufgestellt waren. Von alt und jung unter Jubel begleitet, zog die Stadtmusik durch die Straßen und spielte vaterländische Lieder und Märsche. Nach dem Verklingen der Abendglocke stimmte die froh erregte Bürgerschaft vor der Kirche das alte Lob- und Danklied an: »Nun danket alle Gott!«

123

In den Gasthäusern war reges Leben. Es wurde eifrig politisiert, und die Namen Bismarck und Moltke waren in aller Munde. »Mir kommt's uf a Paar Händ'sche it a'!« rief laut mit leuchtenden Augen der Handschuhmacher Kirgis und schlug in heller Begeisterung auf den Tisch. »De vüernehmste Hänsche mach i deane Herre zom Präsent.« — »Du hoscht so älleweil a Komödie mit deine Händsche!« schrie Morobotis giftig über den Tisch herüber. Aber der rasche, glückliche Einfall ließ den wackeren Meister nimmer los. Mit der größten Sorgfalt und Liebe verfertigte er in den nächsten Monaten eine ganze Anzahl besonders schöner Handschuhe und machte daraus drei Pakete mit je sechs Paar; für den inzwischen zum Kaiser ausgerufenen König von Preußen, Bismarck und Moltke. Dazu schrieb er mit seiner schönen, schwungvollen Schrift an Bismarck folgenden Brief, den er sich in vielen Nachtstunden ausgedacht hatte: »Seiner Exzellenz Herrn Reichskanzler General Graf von Bismarck-Schönhausen im großen Hauptquartier zu Versailles. — Der gehorsamst Unterzeichnete, Bürger der am südlichen Fluß des Stammschlosses der Hohenzollern gelegenen württembergischen Oberamtsstadt Balingen, wagt es, als Ausdruck seiner tiefsten Verehrung eines der deutschen Sache treu ergebenen Schwabenherzens über die von Eurer Exzellenz, sowie Seiner Exzellenz, dem Generalstabschef des großen Hauptquartiers, Herrn Graf von Moltke, als treue, bewährte Ratgeber Seiner Kaiserlichen Majestät unserem teuren deutschen Vaterland mit Gottes gnädigem Beistand geleisteten großen Dienst eine kleine Gabe aus seiner Werkstätte, bestehend in drei Paketen Handschuhen, mit der untertänigen Bitte zu übersenden, Euer Exzellenz wolle die Gewogenheit haben, die Pakete an ihre Adressen gelangen zu lassen. — Mit dem herzlichen Wunsch, die Sendung möge noch so rechtzeitig im großen Hauptquartier ankommen, daß dieselbe sowohl von Seiner Kaiserlichen Majestät, als von beiden Exzellenzen Herrn Reichskanzler, Graf von Bismarck und Herrn Generalstabschef Graf von Moltke beim demnächstigen Einzug in Paris benützt werden möchten, zeichnet Euer Exzellenz in vollkommener Verehrung ergebenster

Johann Kirgis
Handschuhmacher in Balingen
Balingen, 15. Februar 1871«

Niemand erzählte er davon und wartete mit großer Spannung lange Zeit auf eine Antwort. Endlich brachte ihm der Briefträger einen Brief mit der Aufschrift: »Feldpost — Herrn Handschuhfabrikant Kirgis, Balingen im Württembergischen« — Großes Hauptquartier Versailles, den 5. März 1871. — Als er das Schreiben öffnete, stand da zu lesen:

»Lieber Herr Kirgis! — Nehmen Sie herzlichen Dank für Übersendung Ihrer vortrefflichen Handschuhe, die noch frühzeitig in meine Hände gelangten, daß ich ein Paar derselben bei der großen Parade des Garde-Corps im Bois de Boulogne am 2. ds. Mts. tragen konnte. Mit freundlichem Gruß, Ihr ergebener

Graf Moltke
General der Infanterie,
Chef des Generalstabes der Armee.«

Das war ein Jubel im Haus! Weib und Kinder, Gesellen und Lehrbuben kamen auf seine Freudenausbrüche dahergesprungen und hörten staunend, welche Ehre ihm widerfahren war. Bald war kein Haus mehr im Städtchen, in dem man nicht wußte, daß der Handschuhmacher Kirgis einen von Moltke eigenhändig geschriebenen Brief erhalten habe, der anfängt: »Lieber Herr Kirgis!« — Es ging aus und ein in dem stattlichen Haus in der Friedrichstraße. Jeder wollte ihn lesen und beneidete den strebsamen, begeisterungsfähigen Handwerksmeister um seinen kostbaren Brief. — Für ihn, der als einer der ersten in Balingen Wildlederhandschuhe herstellte und von den anderen nüchternen Handwerksmeistern wegen seines ernsthaften Strebens in diesem neuen, ihrer Ansicht nach unnötigen Handwerk oft belacht worden war, bedeutete diese Ehre eine große Genugtu-

ung. Voller Stolz verwahrte er das historische Dokument in einem roten Samtbuch mit Perlenstickerei, das ihm sein treues Ehegespons liebevoll genäht hatte, und oftmals im Lauf der Jahrzehnte zeigte er Freunden und Bekannten seinen Moltkebrief. Er vererbte sich von Generation zu Generation als wertvolles Familienstück und ist nun samt den Bildern des Meisters und seiner Frau als Stiftung für das Heimatmuseum aus Karlsruhe wieder nach Balingen zurückgekehrt.

Heinz Eugen Schramm

Hoimet

Hoimet! — De-st e gwichtigs Wort,
ist net bloß halt so en Ort,
wo-mr —wia s oin so vertwischt —
eabe' grad gebore-n ist.

Hoimet! — De-st e Klang e guater,
denk an Vatter, denk an d Muater,
denk an d Schual — ond d Jugendzeit!
s Herz wurd warm dabei ond weit.

Hoimet — Des ist Feld ond Wald,
Berg ond Tal ond älles halt,
was dr Herrgott ons uf Pacht
a'vertraut hot mit Bedacht.

Hoimet! — Dazua zählt au d Sproch.
Schwobe' schwätzet frei, doch gmoch;
drübernaus woiß jedes Kend,
daß au d Schwobe' Deutsche send!

Schwäbische Liebesleut

Meinloh von Sevelingen
(1150—1200)

Guter Rat

Die Mädchen in dem Lande,
wer deren eine gewann,
der soll hübsch stille schweigen!
Was gehn ihn die Merker an?
Laß sie tuscheln, was sie wollen,
und reden! Was ist dabei?
Er mag seine Liebste herzen
nach Gefallen versteckt oder frei?
Wer aber fein weiß heimlich zu sein,
der gewinnt den Tugendpreis.
Und übel fährt der andre,
der alles ausschwatzt, was er weiß!

Hartmann von Aue (1170—1210)

Abschied

Welche Frau sendet ihren lieben Mann
mit rechtem Willen auf diese Fahrt,
hat Teil des Lohnes, den er gewann,
wenn sie daheim ihr Haus bewahrt,

daß man ihr schuldet keusche Wort.
Sie bete für sie beide hier,
so fährt er für sie beide fort.

König Konrad der Junge
(Konradin) (1252—1268)

Minnesang

So oft ich von der Liebsten geh,
Auch meiner Freuden Ende naht,
Dann sterb ich fast vor Leid, o weh,
Daß ich sie je um Liebe bat.
Nicht weiß ich, Herrin, wie man minnt:
Die Liebe läßt mich's büßen schwer,
Daß ich an Jahren noch ein Kind.

Oswald von Wolkenstein
(1367—1445)

Das Lob der Schwäbin

Ich hör, daß mancher allgemein
die Frau von Adel schätzt, gleichviel

aus welchem Land, aus welcher Stadt,
von welchem Schloß sie stammen mag.
So denk ich nicht! In manchem Land
war ich — mein Herz verlor ich nie.
Doch nun lockt mich ein roter Mund
aus Schwaben, lockt Gebärde, Wort
und insgesamt: Figur, Person.

Die stolze Schwäbin macht das wahr,
an der ich keinen Makel fand;
die schloß ich fester in mein Herz
als alle, die ich sonst noch kannte.
An Auge, Nase, Mund und Hals
ist sie sehr schön geformt. Die Haut
ist weiß und rot, ganz zart getönt.
Die Arme, Hände, Brüste — größte
   Lust!
Ganz straff und hell im Teint.

Die Taille schmal, der Hintern dick
und rund gewölbt, schön unterteilt,
die Schenkel voller heißer Glut,
die Waden schlank zur Fessel hin
und ihre Füßchen klein und schmal,
hübsch modelliert. Ihr Lebenswandel:
er gibt zu keinem Tadel Anlaß.
In Tun und Lassen rechtes Maß.
So hat sie mich in der Gewalt.

Heinrich Bebel (1472—1518)

Das weibliche Schönheitsideal

Den Kopf von Prag, die Füß vom Rhein,
die Brüst aus Österreich im Schrein,
aus Frankreich den gewölbten Bauch,
aus Baierland das Büschlein rauch,
Rücken aus Brabant, Händ von Köln,
den Arß aus Schwaben küßt ihr Gselln!
(aus dem Lateinischen übersetzt
von Johann Fischart (1546—1590)

Das Schwabentöchterlein
(Volkslied)

Es hätt ein Schwab ein Töchterlein,
es wollt nit länger ein Mägdlein sein.
Sie wollt doch haben einen Mann,
der ihr die Weil vertreiben kann.
»Ach Mutter, gib mir einen Mann,
der mir die Weil vertreiben kann!«
»Ach Tochter, du bist viel zu klein,
du schläfst noch wohl ein Jahr allein.«
»Ach Mutter, ich bin eben gerecht,
ich habs versucht mit unserm Knecht.«
»Hast dus versucht mit unserm Knecht,
so bist du Pfaffen und Mönchen
   gerecht.«
Wer ist, der uns dies Liedlein sang?
Ein freier Hofmann ist ers genannt.
Er singt uns das und noch viel mehr,
Gott behüt allen zarten Jungfrauen ihr Ehr!

Abraham a Santa Clara (Ulrich Megerle) (1644—1709)

Eine rechte Jungfrau

Eine rechte Jungfrau soll sein und muß
sein wie die Glocken am Karfreitag:
Muß nicht viel hören lassen...

Eine rechte Jungfrau soll sein und muß
sein wie eine Orgel: Sobald diese ein
wenig angetastet wird, so schreit sie.

Eine rechte Jungfrau soll sein und muß
sein wie eine Spitalsuppe: Die hat
nicht viel Augen, also soll sie auch
wenig umgaffen.

Eine rechte Jungfrau soll sein und muß
sein wie eine Nachteul: Die kommt
fein wenig ans Tageslicht.

Eine rechte Jungfrau soll sein und muß
sein wie ein Spiegel: Wenn man diesem
ein wenig zu nahe kommt und anhaucht,
so macht er ein finsteres Gesicht.

*

Ein Fisch außer dem Fluß,
Ein Kern außer der Nuß,
Ein Spiegel aus der Rahm,
Ein Pferd aus dem Zahm,
Außer der Erd eine Maus,
Eine Jungfrau außer dem Haus,
Ein Blum außer dem Garten,
Haben nichts als Verlust zu erwarten.

Gebet einer schwäbischen Jungfrau

O du mei liebs Herrgöttle,
was han i dir denn tau,
daß du mi au mei Lebelang
net willst heirate lau?
Jetzt will i nimmer bette,
will net in d'Kirche gau.
Gib acht, i kann di nöte,
du wirst mi heira lau!

Anselmus Rabiosus

Schwäbische Sitten und Sittlichkeit

Die schwäbischen Sitten sind arm und ein-
fältig, und ihr Geist ist grob, sklavisch
und träge... Die außerordentliche Bevölkerung in Schwaben ist eine Folge der
Frugalität, die einen allgemeinen Sitten-
zug der Nation ausmacht. Es gibt keine
verliebteren Geschöpfe als die Schwaben.
Sie begatten sich Sommer und Winter,
und eine Schwäbin bringt gemeiniglich
zwei Junge. Eines vorne im Jahr und eins
hinten. Diese Kinder wachsen unter der
Hand der Vorsicht auf wie die Pilzen.
Wenn sie groß geworden, so werden sie
von ihren Landesherren in die Dienste
fremder Höfe verkauft oder sie wandern
kolonienweis aus...

(2. Hälfte des 18. Jhds.)

Schwäbischer Kindersegen

Im *Schloß Hohenentringen* über dem Ammertal, einem beliebten Ausflugsort der Tübinger, hängen im ehemaligen Rittersaal, dem heutigen großen Wirtschaftsraum, die 20 Wappen der einstigen Besitzer der Burg. Im Jahre 1417, so bekundet ein farbenfreudig renoviertes Gemälde, saßen auf dem Schloß fünf Ritterfamilien des Geschlechtes deren von Hailfingen. Sie hatten zusammen nicht weniger als 100 Kinder. — So war beim Kirchgang am Sonntag der Familienzug vom Schloß zur Kirche im Tal so lang, daß die letzten das Schloß verließen, wenn die ersten bereits das Kirchenportal in Entringen erreicht hatten.

Mag au dui Gschicht verloge' grad
ond mittlerweil verstaubt sei',
was en 're alte Chronik stoht,
will a'standshalber glaubt sei!

Faif Ritter häbe, hoißt-es do,
mit ihre Fraue' dobe'
em Schlößle gwohnt vor langer Zeit. —
Dia will-e jetz gaoh lobe':

Drom häbet se, mr stell sich des
heut vor als Steuerzahler,
mitnander hondert Kender ghett! —
Wer's nochmacht, kriagt en Taler!

*

Alte Taler, jonge Weiber
send de beste Zeitvertreiber!

129

Friedrich Georg Weißer
(1761—1836)

Die Schäferin und ihr Beichtvater

Kind! Deine Unschuld, hüte sie,
Sonst trifft dich schwere Strafe!
»Herr! Meine Unschuld hüte ich nie,
Ich hüte meine Schafe.«

Das Märchen vom Ritter Georg

Georg, der Heilige, bezwang einst einen
   Drachen,
Um eine Jungfer frei zu machen.
Doch einen Drachen gibt es nicht,
Und auch der Heilige, nach sichern
   Kunden,
Ward von der Fabel nur erfunden.
Kein Wunder, wenn der Zweifel spricht,
Und so den Streit auf einmal schlicht:
Die Jungfer war wohl auch erdichtet.

Schwäbischer Volkstanz

Bald fahr i in Acker,
Bald fahr i ins Heu,
Bald schlaf i beim Schätzle,
Bald schlaf i alloi!

Chr. Fr. D. Schubart

Das Mädchen aus Schwaben

Ich Mädchen bin aus Schwaben,
und braun ist mein Gesicht;
der Sachsenmädchen Gaben
besitz ich freilich nicht.

Sie können Bücher lesen,
den Wieland und den Gleim,
und ihr Gezier und Wesen
ist süß wie Honigwein.

Der Spott, mit dem sie stechen,
ist scharf wie Nadelspitz,
Der Witz, mit dem sie sprechen,
ist nur Romanenwitz.

Mir fehlt zwar diese Gabe,
fein bin ich nicht und schlau,
doch kriegt ein braver Schwabe
an mir 'ne brave Frau.

Das Tändeln, Schreiben, Lesen
macht Mädchen widerlich;
der Mann, für mich erlesen,
der liest einmal für mich.

Ha, Jüngling bist aus Schwaben?
Liebst du dein Vaterland?
So komm, du sollst mich haben,
schau, hier ist meine Hand!

(um 1760)

Eduard Mörike

Nimmersatte Liebe

So ist die Lieb! So ist die Lieb!
Mit Küssen nicht zu stillen:
Wer ist der Tor und will ein Sieb
Mit eitel Wasser füllen?
Und schöpfst du an die tausend Jahr,
Und küssest ewig, ewig gar,
Du tust ihr nie zu Willen.
Die Lieb, die Lieb hat alle Stund
Neu wunderlich Gelüsten;
Wir bissen uns die Lippen wund,
Da wir uns heute küßten,
Das Mädchen hielt in guter Ruh,
Wies Lämmlein unterm Messer;
Ihr Auge bat: Nur immer zu,
Je weher, desto besser!

So ist die Lieb und war auch so,
Wie lang es Liebe gibt,
Und anders war Herr Salomo,
Der Weise, nicht verliebt.

Wenn alle Brünnlein fließen

Wenn alle Brünnlein fließen,
so muß man trinken.
Wenn ich mein Schatz nicht rufen darf,
tu ich ihm winken.

Ja winken mit den Äugelein
und treten auf den Fuß,
's ist eine in der Stube drin,
die meine werden muß.

Warum soll sie's nicht werden?
Ich hab sie ja so gern!
Sie hat zwei blaue Äugelein,
die glänzen wie zwei Stern.

Sie hat zwei rote Wängelein,
sind röter als der Wein,
ein solches Mädel find't man nicht
wohl unterm Sonnenschein.

So herzig wie mein Liesele
ist gar nichts auf der Welt.
Vom Köpfle bis zum Füßele
ist alles wohl bestellt.

Und auf ama Büschele Haberstroh

Und auf ama Büschele Haberstroh
hat mich mein Schatz geküßt.
Und soviel hundert und tausend Mal
hat mich mein Schatz geküßt!

Geküßt und gedrückt und im Arm gehabt,
im Arm gehabt, im Arm gehabt,
geküßt und gedrückt und im Arm gehabt,
hat mich mein Schatz schon oft.

Die Amsel in dem grünen Wald,
im grünen Wald, im grünen Wald,
die Amsel in dem grünen Wald
soll Zeuge sein allein.

Solang's noch Kraut und Spätzle gibt,
solang verderbet d'Schwoba it.
Solang's no schöne Mädle gibt,
solang hot's noch kein' Not!

Abschied

Muß i denn, muß i denn zum Städtele
    naus,
und du mei' Schatz, bleibst hier?
Wenn i komm, wenn i komm, wenn i
    wiederum komm,
kehr' i ei, mei' Schatz, bei dir.
Kann i glei net allweil bei dir sei',
han i doch mei' Freud' an dir.
Wenn i komm, wenn i komm, wenn i
    wiederum komm,
kehr' i ei' mei' Schatz, bei dir.

Wie du weinst, wie du weinst, daß
    i wandere muß,
wie wenn d' Lieb jetzt wär' vorbei!
Sind au draus, sind au draus der
    Mädele viel,
lieber Schatz, i bleib dir treu.
Denk du net, wenn i an-andere seh',
noh sei mei' Lieb' vorbei:

Sind au draus, sind au draus der
    Mädele viel,
lieber Schatz, i bleib dir treu.

Übers Jahr, übers Jahr, wenn mer
    Träubele schneid't,
stell' i hier mi wied'rum ei';
bin i dann, bin i dann dei'
    Schätzele noh,
so soll die Hochzeit sei'.
Übers Jahr, do ist mei' Zeit vorbei,
do g'hör i mei' und dei':
Bin i dann, bin i dann dei'
    Schätzele noh,
so soll die Hochzeit sei'.

(Volkslied — zweite und dritte Strophe
H. Wagner — Melodie Friedrich Silcher)

Verliebt, verlobt, verheirot'
Aus dem schwäbischen Spruchbeutel

»De'st gspässig,« hot seller Bua gsait,
»i mag d'Mädle' ond mei' Schwester
d'Buabe'«!

Gott em Herze', e Mädle em Arm,
's erste macht selig, 's zwoite
macht warm!

Aus manchem Spaß wird Ernst, ond aus
manchem Späßle e Ernstle — ond
des lernt jetzt laufe'.

*»D'Fremde geit Leut«, hot sell Mädle
gsait, ond ist mit 'me Schubkarre'
voll Kender hoimkomme'.*

's Probiare macht d'Jongfre teuer.

*»I ka' dia Küsserei net verbutze'«,
hot's Mädle gsait, »bsonders,
wenn i net dabei ben.«*

*»Gege' d'Obrigkeit bist machtlos«,
hot sell Mädle gsait — ond hot
vom Gmoindsdiener e Kend kriagt.*

*De schwäbische Mädle send älle schö' —
ausgnomme' de wüaste.*

*Dia wisset am beste', was d'Liabe
ist, dia's net sage' dürfet.*

*Wo d'Liab nafällt, bleibt se liege
— ond wenn's auf-em Misthaufe' ist.*

*E Mädle mit vierzig Johr ond e
Hefenudel mit drei Täg mag koi'
Mensch meh.*

*Dr Ehestand ist e Prozessio',
wo mr's Kreuz voraustrait.*

*»Worom soll i denn e wüasts Mädle
heirote' — e Schöne frißt au
net meh,« hot seller Bua gsait.*

*Vor dr Hochzich sait mr Mulle,
noch dr Hochzich Katz.*

*En de wüasteste Hecke' send oft de
schönste Nester.*

*Was e schöne Biare' ist, geit
au e schöne Hutzel.*

*En ganze' Wage' Mädle' hätt-er han
könne', ond dui uf dr Schnättrete
(hinausragendes Ende am Leiter-
wagen) hot-er gnomme'.*

*Koiner hot se wölle, i aber han se
glei kriagt.*

Der »kleine Unterschied« — bildlich dargestellt an zwei Putten am Portal zum Rittersaal des Schlosses Hohentübingen.

Für en arme Vatter ka' mr nix,
aber für en arme' Schwiegervatter.

En noher Acker und e weite Schwieger-
muater könnet beim Heirote' nia
schade.

Drei roserote Bändele,
drei roserote Stiel',
Des Mädle, des en Lehrer liabt,
des hot en Sparre' z'viel.

»Ma' ond Weib ist oi' Leib«, hot
dr Bauer gsait ond hot de Brote
alloi gfresse'.

Em Oberland send d'Weiber Moister
ond em Onterland d'Männer net.

»Früher han i mei' Weib zom Fresse
gern ghet«, hot der Ma' gsait;
»heut reut mi bloß ois: daß i
se dettmols net gfresse' han.«

»I hätt net denkt, daß i e Nachtwandler
wär«, hot dr sell Ma'
gsait, woa'n-en s Weib aus der
Menscherkammer zoge' hot.

*

Verliebt, verlobt, verheirot'!
Aus Kender werdet Leut.
Dia fanget wieder vorne' a',
solang's e Liabe geit!

Eugen Frueth

Wie Schillers Vater zu seiner Frau kam

Vor dem uralten Niklastor der Schillerstadt Marbach postiert sich einladend das Wirtshaus zum »Goldenen Löwen«. Manch müder Wandersmann hält hier Einkehr. Am 14. März steigt ein entlassener Husar ab. Das Pferd wird in den Stall geführt. Darauf betritt der stramme Mann die Wirtsstube. Ein Trunk Wein soll ihn zu seinem weiteren Ritt stärken. Der behäbige Löwenwirt Kodweis forscht ihn aus. Der Husar gibt sich als Johann Caspar Schiller zu erkennen und stellt sich als »Bittenfelder« vor. »Woher des Wegs?«, fragt der Wißbegierige weiter. »Aus den Niederlanden, wo ich bei den Husaren als Feldscher gedient habe; nun ist Friede; ich bin abgelohnt, entlassen und habe den Weg am Rhein hinauf eingeschlagen. Heute bin ich von Heilbronn hergeritten; ich will meine Verwandten besuchen.« — »Wohin dann?« — »Ich reite weiter in die Welt und will sehen, wo ich Beschäftigung und Unterkommen finde.« — Der Schoppen ist getrunken. Strammen Schritts verläßt der abgediente Soldat die Wirtsstube und besucht die Basen und Vettern. Bald kehrt er zurück; das Schlachtroß wird zur Weiterreise gesattelt. Schon steht es wiehernd vor der

134

Haustüre. Der Reitersmann bezahlt, drückt dem Löwenwirt die Hand und eilt hinaus. —

Da steht auf der Staffel das bildschöne blutjunge Wirtstöchterlein Elisabeth Dorothea Kodweis. Es will den schmucken Reiter hoch zu Roß bewundern. Dieser macht Halt und bleibt vor der jugendlichen Schönheit wie verzaubert stehen. Das Blut steigt ihm fiebernd zu Kopf. Er kommt an dieser anmutigen Mädchengestalt nicht vorüber. Der Hausknecht erhält den Wink zum Absatteln. Liebende Blicke begegnen sich. Die Wangen des Mädchens glühen; es will fast verschämt zu Boden sehen. Der Jüngling ist von den Liebeswellen völlig berauscht. Er geht hochgerötet zur Wirtsstube zurück; das Mädchen bleibt im Flur. Ohne weiteres hält er bei den Eltern um die Hand der Siebzehnjährigen an. Der Verliebte erhält ein freudiges Jawort. Das Mädchen gibt züchtig verschämt die freudige Einwilligung. Der resolute Reitersmann verlobt sich schnurstracks mit ihm. Schon nach wenigen Wochen tritt das glückliche Paar in den Ehestand.

*

D' Hauptsach ist, daß d' Hauptsach
d' Hauptsach bleibt. —
Des ist d' Hauptsach!

Michel Buck (1832—1888)

Die Verheiratung

Ich komme nun an die Heirat von Vater und Mutter. Ursprünglich beabsichtigte mein Vater, eine Tochter des Freimaiers zu Ertingen zu heiraten. Allein die Ausführung des Planes scheiterte an dem, daß die Ausersehene in kein so »wüstes« altes Haus hineinheiraten wollte, wie mein Vater eines hatte.

Da kam nun eines Tages ein Bekannter zu ihm, ein Weber, welcher ihm mitteilte, er habe bei Gelegenheit der Ablieferung eines Lodens zu Attenhöfen bei Zwiefalten ein paar hübsche heiratsfähige und nicht unvermögende Bauerntöchter gesehen. Da wäre eine recht für ihn. Er solle einmal mit ihm gehen und sich die Mädchen ansehen.

Das geschah. Die jüngere, meine Mutter, gefiel ihm am besten und so nahm er denn mit dem Stiefvater des Mädchens Rücksprache. Man kam überein, daß die Attenhöfer einmal zum »Besehen« heraufkommen sollten, was dann auch bald ausgeführt ward. Die, welche bei derlei Geschäften die Hauptrolle spielen, waren mit den Verhältnissen wohl zufrieden, aber die, welche heiraten sollte, sagte, nein, denn das Haus war auch dieser zu häßlich und zu klein.

Aber die alten Bauern lassen sich durch

Friedrich Silcher und seine junge Frau
Ölgemälde von Chr. Fr. Dörr

Als man die Braut abholte, ereignete sich ein böses Omen. Der Wälder, sonst ein frommes Pferd, ward scheu und konnte nur mit Mühe in Lauf gebracht werden. Die Brautleute kamen ertingenwärts zurück bis Neufra. Da kehrte man auf Bitten der Braut ein. Als man aber wieder aufbrechen wollte, fehlte die Braut. Man sucht und sucht, endlich sieht man sie in der Ferne ihrer Heimat zugehen. Ihr Bruder setzt ihr nach und bringt sie wieder mit.

So kam die Ehe mit Not zusammen. Scherzend haben sie später öfter davon gesprochen. Denn nachdem sich die beiden kennengelernt hatten, lebten sie im besten Frieden und in aller Liebe freudig zusammen.

*

Die Warnung

Es ist Mai, die Kastanien blühen. Ein älteres Ehepaar beobachtet beim abendlichen Luftschnappen vom Balkon aus, wie sich der Sohn ihres Nachbarn an ein Mädchen heranmacht. — »O je, dr Fritzle«, meint da die Frau zu ihrem Mann, »der ordentlich Kerle! Hoffentlich macht er koine Dommheite'! — Pfeif doch emole, daß er wenigstens gwarnt ist!« — »So blau«, bemerkt da der Mann trocken, »bei mir hot au koiner pfiffe!«

solche Lappalien nicht aus der Fassung bringen. Der Heiratstag wurde gehalten, der Hochzeitstag festgesetzt. Die weinende Braut ließ sich in den Pfarrhof schleppen und rüstete zur Hochzeit.

Finsternis

Das Annale sitzt mit einem Studenten im Seufzerwäldle auf einem Bänkle. Da meint die Kleine: »heut ist-es aber arg donkel, Herr Krause, alloi tät-i mi do fürchte.« — »Sie haben recht, Fräulein Anna«, stellt der Studiosus fest, »man sieht ja die Hand vor den Augen nicht.« — »Na, na!« kichert das Annale, »do hent Se ihr Hand jo au net.«

Fritz Rahn

Der wortkarge Bräutigam

»Ja, grüß Gott, Anna, du bisch? Wia goht dr s denn? Bist au reacht glücklich? Isch d Haochzich schö gwä?« — »Dank dr Nochfrog, Karlena! Jo, s isch schö gwä.« — »Du Anna, dei Jakob, dear isch doch so maulfaul, dear sait doch nia ebbes. Hot-er denn an seim Haochzichstag s Maul aufgmacht?« — »Ha, was soll e do sage, Karlena? E bißle scho, vier Wörtle hot-er doch rausbrocht.« »Waas, so viel? Ond was hot-er gsait?« — »Ha woisch, wia mr an dr Kirch gwä send, do isch-er an dr Trepp gstolpert. No hot-er gsait: Hoppla! — Ond am Altar, wia en dr Pfarrer gfrogt hat, no hot-er gsait: Jo! — Noche send mr en s Wirtshaus gange.

Ond wia dr Jakob gsehe hot, daß dr Tisch so schön deckt gwä isch, no hot-er sich d Händ griebe ond hot gsait: Sodele! — Jo, ond obneds, wia mr en d Kammer gange send ond-er seine Hosetäger ra tao hot, do hot-er glacht und hot gsait: Etzet!«

Chr. F. D. Schubart

Wunsch

Hier ist, o liebes Weibchen,
Ein kleiner Wunsch für dich.
Ich wünsche dir, mein Täubchen,
Ein kugelrundes Leibchen
Und ach! zum Autor — mich.

Friedrich Theodor Vischer

Großvater

Schöpfer eines Menschen sein
Ist nicht klein.
Ist fast wie ein König,
Aber Schöpfers Schöpfer sein
Ist doch auch nicht wenig.
Hold grüßt den Müden, aber Ungebeugten,
Als Zeuge der Gezeugte des Gezeugten.

Siegfried Bluth

Auch ein Rekord

»Spaß am Bästle ghett hent« diese Re-kordhalter. Nicht aus Sparsamkeits- oder Gedächtnisgründen haben sie versucht, die Geburtstage ihrer Kinder möglichst auf »denselben Tag hinzukriegen«. Die Trefferquote beträgt 75 Prozent, denn von den vier Kindern haben drei am gleichen Tag Geburtstag — ohne Drillinge zu sein:
»a Mädle — geboren am 11. Juli 1939, a Bua — geboren am 11. Juli 1946 und noa-mal a Bua geboren am 11. Juli 1952.«
Kommentar: »Isch des net guat? — — Ond des älles ohne dia Pille!«

Zwei »wahre« Anekdoten

Ein Ehepaar lebt tagsüber in Zank und Streit. Des Nachts aber vertragen sich die beiden wieder, und das auf folgende Art: Er: »Will mr oder will mr net?« — Sie: »Mr hot noh nia gsait, mr wöll net.« —

*

Ein Weib kam alle paar Wochen jammernd ins Pfarrhaus gelaufen und beklagte sich bitter über ihren Mann, der sie ständig quäle und schlage. »Meine gute Frau«, wandte da der Geistliche ein, »dann verstehe ich nur nicht, weshalb Sie trotzdem alle Jahre ein Kind bekommen.« — »Ja, no«, antwortete das Weib, »was tuat mr net älles en dr Wuat?!«

Veit Bürkle

Die frische Luft

Hundert Jahre wird nicht jeder alt, aber der Schreinerjohannes wurde es und es gab ein Fest. Nicht nur der Pfarrer kam und der Schultes, auch der Rundfunk und die Presse kamen. Einer von den Presse-leuten fragte den Geburtstägler, worauf er es zurückführe, daß er so alt geworden sei? —
»Ja«, sagte der Johannes und zwinkerte mit seinem rechten Auge etwas, »wissen Sie, ich bin zeitlebens ein friedfertiger Mann gewesen. Und so hab ich auch mit meiner Frau, als wir heirateten, ausge-macht: Streiten, das wollen wir net mit-einander, wenn es soweit kommt, dann geh ich einfach aus der Stub' und mach' die Tür ganz leis hinter mir zu. — Und sehen Sie, so bin ich arg viel an die frische Luft gekommen, und von der vielen frischen Luft bin ich hundert Jahr alt gewor-den.«

Von Speis und Trank

Martin Luther

Nirgendswo lieber

Wenn ich viel reisen sollte, wollte ich nirgendswo lieber denn durch Schwaben und Baierland ziehen; denn sie sind freundlich und gutmütig, beherbergen gern, gehen den Wandersleuten entgegen und tun ihnen gute Ausrichtung um ihr Geld.

Karl Julius Weber (1767—1832)

Woch ein, Woch aus

Der echte Schwabe hat montags Nudle, dienstags Hutzle, mittwochs Knöpfle, donnerstags Spätzle, freitags gedämpfte Grundbirn, sonnabends Pfannkuchen, sonntags Brätle und Salätle —
    Saure Nierle, Sauerkraut,
    Knöpfle, Saublut in der Haut
    und ein Glas vom Besten!
und dieses Beste ist eigentlich das wahre Reagens, das ihn über seinen (bayerischen) Biernachbarn erhebt.

Matthäus Gerster

Pater Sebastian Sailer (1714—1777) bittet zu Tisch

Wie man damals an hohen Festtagen im Dieterskircher Pfarrhaus tafelte, bezeugt ein Eintrag im »Rappulare«. Der Pfarrer hatte nach altem Brauch zum Mittagessen an Kirchweih die drei Schultheißen, den Heiligenpfleger, den Mesner, den Wittumsbauern sowie einen Himmelsträger von Tobel einzuladen. Dabei gab es 1. Suppe, 2. Voressen von Wurst oder Kutteln, 3. Rindfleisch mit Knödeln, 4. Gemüse mit grünem Schweinefleisch, 5. Einmach- oder Sauerfleisch, 6. Braten mit Salat, 7. eine Torte von Butterteig.

Rund um die Kartoffel

Erstmals in Württemberg urkundlich erwähnt ist die Kartoffel, die im Schwäbischen als »*Grombiar*« (Grundbirne) oder »*Aidäpfel*« (Erdäpfel = pommes de terre) erscheinen, für das Jahr 1598 und

zwar für Wiesensteig am Fuße der Schwäbischen Alb, wo Graf von Helfenstein sie
in seinem botanischen Schloßgarten an-
pflanzen ließ.

Das berühmte »Kartoffellied«, das auch
außerhalb des schwäbischen Sprachraums
gesungen wird, stammt auch von einem
Schwaben. Samuel Friedrich Sauter
(1766—1846) hat es gedichtet. Die erste
Strophe sei hier zitiert:

Herbei, herbei zu meinem Sang,
Hans, Jörgel, Michel, Stoffel,
Und singt mit mir das Ehrenlied
Dem Stifter der Kartoffel:
Franz Drake hieß der brave Mann,
Der vor zweihundert Jahren
Von England nach Amerika
Als Kapitän gefahren.
Und der, als er zurücke kam
Von seinen weiten Reisen,
Die guten Dinger mitgebracht,
Die wir Kartoffeln heißen.

Eduard Mörike

Restauration

*Nach Durchlesung eines Manuskripts mit
Gedichten*

Das süße Zeug ohne Saft und Kraft!
Es hat mir all mein Gedärm erschlafft.

Es roch, ich will des Henkers sein,
Wie lauter welke Rosen und Kamille-
blümlein.
Mir ward ganz übel, mauserig, dumm,
Ich sah mich schnell nach was
Tüchtigem um,
Lief in den Garten hinterm Haus,
Zog einen herzhaften Rettich aus,
Fraß ihn auch auf bis auf den Schwanz,
Da war ich wieder frisch und genesen
ganz.

*

Am Bügeltisch belauscht

Klärchen:
Er ist im Grund ein guter Mensch.
Rike:
O ja, es geht schon an.
Klärchen:
Doch Eigenheiten hat er viel.
Rike:
Sonst wär er ja kein Mann.
Klärchen:
Zum Beispiel, wenn ich Spatzen
bring'.
Rike:
Berührt er sie dir nicht.
Klärchen:
Und wenn ich keine Spatzen bring —
Rike:
So macht er ein Gesicht.

Friedrich Theodor Vischer

Ein Moralischer

Wir sprachen von Hamlet, von Tasso
Und ihres Lebens Fracasso,
Von Hölderlin, von Heinrich Kleist,
Wie sie der Wahnsinn packt, zerreißt,
Kurzum von tragischen Seelen.
Da begann er streng zu schmälen,
Mit Salbung sprach er von Maß und
    Pflicht,
Vernunft und moralisches Gleich-
    gewicht.
Saß breit auf stattlichem Gesäß
Und aß behaglich ein gut Stück Käs.

Eduard Paulus

Spruch

Uns ist ganz kannibalisch wohl,
Wenn wir das Dichten üben.
Wir haben ja das Monopol
Auf Sauerkraut und Rüben!

Ludwig Uhland

Metzelsuppenlied

Wir haben heut nach altem Brauch
Ein Schweinchen abgeschlachtet;

Der ist ein jüdisch ekler Gauch,
Wer solch ein Fleisch verachtet.
Es lebe zahm und wildes Schwein!
Sie leben alle, groß und klein,
Die blonden und die braunen!

So säumet denn, ihr Freunde, nicht,
Die Würste zu verspeisen,
Und laßt zum würzigen Gericht
Die Becher fleißig kreisen!
Es reimt sich trefflich Wein auf Schwein
Und paßt sich köstlich Wurst und
    Durst;
Bei Würsten gilt's zu bürsten.

Auch unser edles Sauerkraut,
Wir sollen's nicht vergessen;
Ein Deutscher hat's zuerst gebaut,
Drum ist's ein deutsches Essen.
Wenn solch ein Fleischchen weiß
    und mild
Im Kraute liegt, das ist ein Bild
Wie Venus in den Rosen.

Und wird von schönen Händen dann
Das schöne Fleisch zerleget,
Das ist, was einem deutschen Mann
Gar süß das Herz beweget.
Gott Amor naht und lächelt still
Und denkt: »Nur daß, wer küssen will,
Zuvor den Mund sich wische!«

Ihr Freunde, tadle keiner mich,
Daß ich von Schweinen singe!

141

Es knüpfen Kraftgedanken sich
Oft an geringe Dinge.
Ihr kennet jenes alte Wort,
Ihr wißt: es findet hier und dort
Ein Schwein auch eine Perle.   *(1814)*

Hyazinth Wäckerle
(Joseph Fischer) (1836—1896)

Schwäbische Kost

E Kräutle ond e schweinigs Fleisch
und Knöpfle in der Brüah,
des wenn ma aus der Küche bringt,
vertlaufet d'Schwobe nia.

Gar manche möget d'Knöpfle it,
und's Schweinig it und's Kraut:
Ma braucht halt au e schwäbisch Gmüat,
daß man dia Speis verdaut.

Im Kämi', wenn ma's Säule hot,
und's Kräutle in der Kuaf,
wenn Meahl gnua in der Truhe ist,
hot's Haus en guate Ruaf.

E sölles Esse ist e Staat
und besser, ohne Gspäß,
wie Schnepfedreck und Kaviar
und äll dös Teufelsgfräß.

Theodor Heuss

Schwäbische Küche

Man mag in die Mitte die Serie der Suppen oder die Spätzle stellen. Ohne eine richtige Suppe ist kein richtiges Essen zu denken — von der Brotsuppe und der »gebrannten Mehlsuppe« über vielerlei Gemüsesuppen bis zu der Feinschmeckerangelegenheit, der Hirnsuppe. Man kann da einen ganzen Katalog zusammenstellen; es wird wohl so sein, daß die Suppe mit dem vielerlei Wechsel in Zugabe und Zurichtung von Hause aus das einzige, das Stammessen aus der württembergischen Armutszeit war; die Mannigfaltigkeit mußte Ersatz für eine reiche Auswahl des Tisches sein. Das charakteristische Erzeugnis in dieser Serie die »Flädlessupp« — dünn gebackener Pfannkuchen in schmale Riemen zerschnitten und der Fleischbrühe beigegeben. Der »Suppenschwab« braucht dann, wenn Sach' genug neben dem Flüssigen da ist, nicht mehr allzu viel, um von Herzen glücklich und zufrieden zu sein.

Die Spätzle, Teig mit viel oder wenig Eiern, in schmalen Stücken vom Holzbrett ins kochende, leicht gesalzene Wasser hineingeschnitten, ersetzten langhin ausschließlich die Rolle, die im Norden die Kartoffel spielt: unentbehrliche Begleiter von allen möglichen Fleischsorten und

Gemüsen. Sauerkraut mit Spätzle, saure Linsen mit Spätzle — es ist schon recht, wenn es dazu auch ein Stück Schweinefleisch gibt oder bei den Linsen die dünnen »Saitenwürstle«. Das ist die Zugabe, fast das Sonn- und Festtägliche — zum Sattmachen sind die Spätzle da.

Nur in Württemberg beheimatet sind die Maultaschen, eine mühsame, aber gute Sache, von Hause aus das Gründonnerstagsessen: hausgemachte Nudeln, die mit Spinat und Gehacktem, mit allerhand Kräuterzutaten gefüllt, fest montiert und dann gesotten werden, vor dem Anrichten auch etwas »geschmälzt«.

Dazu ein gereimtes Rezept des Herausgebers:

Hackfloisch, Zwiebel, Peitschestecke',
wassergwoichte Doppelwecke',
Peterleng, Spinat ond Brät,
älles durch de Floischwolf dreht,
Oier drüber, Salz und Pfeffer,
geit e Toigle, geit en Treffer
grad für d'Nudelböde' gricht;
ond schao' kriagt dia Sach e Gsicht!
Drufgschmiart, zuadeckt, toilt ond
    gschnitte',
net lang gfackelt maih ond ditte',
nei' en d' Brüah ond ufkocht gschwend! —
Selber schuld, wer's Maul verbrennt!

Zum Thema »Maultaschen« weiß auch der Stuttgarter Oberbürgermeister *Manfred Rommel* Gewichtiges zu sagen: »Bei offiziellen Veranstaltungen der Stadt Stuttgart, die mit einem Essen verbunden sind, gibt es neben Laugenbrezeln, die ihre Originalität aus ihren Löchern gewinnen, meistens Maultaschen. Die Maultasche ist eine sehr praktische Speise. Sie quillt im Magen so auf, daß für anderes nur wenig Platz bleibt. Diese Eigenschaft teilt die Maultasche mit so manchen politischen Programmen. Auch diese können — im Kopf — so aufquellen, daß für anderes kein Raum mehr ist, so daß das Eindringen anderer Gedanken ausgeschlossen werden kann.«

Doch nun zurück zu *Theodor Heuss:*
Die gekochte Kartoffel wird mit der Schale angerichtet. Die norddeutsche »Bratkartoffel« erscheint, dünner geschnitten, als »geröstete«; es gibt in Schnitzen und gerieben allerhand Kartoffelsalate: auch für die »Schupfnudeln«, aus geriebenen Kartoffeln zu kleinen Walzen geformt und in Schmalz gebacken, dient die »Erdbi're« als Grundstoff.

Weniger ausgesprochen sind die Fleischspezialitäten. Zwar lobt und ißt der Schwabe gerne seine Schinken-, seine Schützenwurst, er vespert, mit viel Senf, seine Ripple und Knöchle vom Schwein, er macht seine Wallfahrten, wenn eine

Metzelsuppe angezeigt wird, und weiß, wo die Zubereitung am sorgfältigsten ist — aber mit einiger Abwandlung gibt es das auch anderwärts. Bei den Braten spielt die »Soß« eine besondere Rolle, und außerhalb des Landes wird man wohl selten dem milden Gericht begegnen, das man »Eingemachtes Kalbfleisch« nennt, gekochtes Fleisch mit weißer, mehliger Soße.

Ein sehr großes Kapitel bilden die Kuchen, auch die kuchenähnlichen Unternehmungen wie der »Ofenschlupfer«, der aus gebähten Weckschnitten gemacht wird, überbacken, warm und kalt zu gekochtem Obst gegessen. »Hefenkranz« und »Gugelhupf« (anderwärts »Bund« oder »Napfkuchen«) sind die Angelegenheiten der Kaffeetafeln; große Obstkuchen, Äpfel, Pflaumen, Zwetschgen, vor allem auch »Träuble« (Johannisbeeren) dienen einem festen oder einem mürben Teig als Belag.

Mit einiger Schüchternheit nenne ich auch eine herrliche Spezialität, die manchen Fremden als barbarisch erscheint: das ist der Zwiebelkuchen, womöglich noch warm gegessen, vor allem in den bukolischen Wochen des neuen Weines, eine etwas derbe Angelegenheit, die schon aus der Sparte der Küche in die des Brauchtums hinüberwechselt.

*

Zum Zwiebelkuchen noch eine Dreingabe:

Ein Zwiebelkuchen frisch und warm
bringt in Bewegung Bauch und Darm.
Und wird das Ohr auch reich beschenkt,
so wird die Nase schwer gekränkt.

Ein jeder sehe, wie er's treibe,
Freund oder Feind — bleib mir vom
   Leibe!
Am besten ist's, wenn du als Gast
gerade deinen Schnupfen hast.

Wendelin Überzwerch

Vo dr schwäbische Gastrologie

Schwobeleut tent et gern hudle,
d Hetz ist et noch ihrem Senn;
Schwobe send wia gfüllte Nudle:
D Hauptsach, dia ist enne dren!

D Schwobe send oft odurchsichtig —
grad wia Leaberkäs, woißgott:
Gell, do woiß mr au nia richtig,
was dr Metzger neigmantscht hot!

D Schwobe tent, ha jo, gern bruttle,
moinets aber et so bös;
Schwobe send wia saure Kuttle —
bloß mir selber möget des!

144

Schwobe därf mr et do suache,
wo bloß s Geld gilt ond s schö Häs;
Schwobe send wia Zwiebelkuache:
schmackhaft, ab'r e bißle räs!

*

Liaber en Ranze vom Fresse
wia en Buckel vom Schaffe!

Gaisburger Marsch

Dieser Marsch hat im Gegensatz zum
Zwiebelkuchen mit Musik nichts zu tun!!
Es handelt sich vielmehr um ein Muster-
beispiel schwäbischer Toleranz. Statt
des preußisch-zackigen Entweder-oder
kommt hier das liberale Sowohl-als-auch
zum Zug. Warum schließlich sollen sich
vom Brettle geschabte Spätzle nicht auch
mit geschnitzelten Kartoffeln vertragen?
Zusammen mit Ochsenfleisch in der Brühe wird dieser koexistenzielle Eintopf zu
einer gastronomischen Komposition in-
ternationalen Ranges!
(Geschwollener ging's leider nicht!!)
Was den Namen betrifft, so sind die
Hausfrauen von Gaisburg — einem Stuttgarter Teilort — noch nachträglich militä-
rischer Ehren würdig. Haben sie doch mit
solch kräftiger Hausmannskost vor dem
Ersten Weltkrieg die Wehrtüchtigkeit der
häufig Kohldampf schiebenden Grenadie-
re der nahegelegenen Bergkaserne nach
dem Marsch erhalten und gefördert. Daß
sich letztere bei den Gaisburger Schönen
entsprechend revanchiert haben, darf als
sicher vorausgesetzt werden.

Landespolitisch gesehen:
Gaisburger Marsch kommt uf de Tisch.
Do schwemmet — jo, e Gleichnis isch —
en oi're Floischbrüah brav ond fromm
Grombiare'schnitz ond Spätzle' rom,
vertraget sich ganz ohne Ärger
wia Badener ond Württe'berger!

Nahrhafte und süffige Sprüche

Bei de Reiche lernt mr's Hause',
  bei de Arme 's Koche'!

's ist e Konst, ebbes z'koche',
  wenn d'Mäus Blodere' an d'Füaß
  laufet, bis se dia leere Säckle'
  ond Schublade' durchmarschiert send.

E Mutschel ist koi' Loible,
  drei Vierleng send koi' Pfond,
  ond wer net grüabig vesperet,
  der ist bei ons net gsond.

Esse' ond Trenke' hält Leib ond
Seel z'samme'.

Mr glaubt gar net, was en oin neigoht,
we-mr dabei langsam tuat —
ond e anderer zahlt's!

Laß mi meine Küachle' en deim
Schmalz bache', noh därfst du
dafür dein Speck en meim Kraut
koche'!

Solang es Kraut ond Knöpfle geit,
solang verderbet d'Schwobe net.

Liaber e Laus em Kraut —
wia gar koi' Floisch.

Was nützt mi e schöne Schüssel,
wenn nix drenne' ist?

Es fehlt koi' Nudel, wenn d'Pfann
voll ist.

Wer lang Supp ißt, lebt lang.

Mir send d'Grombiare' am liabste,
wenn se vorher durch en Saumage'
gange' send.

Vo' me Ochse' ka mr net meh verlange'
wia e guats Stück Rendfloisch.

Liaber o'gschmalze' wia o'gsalze'!

Dr Honger treibt Brotwürst nonter.

Drei ruggene Nudle', koi Tröpfle
Schmalz dra', dr Teufel möcht
hause', wenn's Weib oin net ma(g).

Wenn mr de Koch net mag,
schmeckt de best Supp net.

Grombiare' mit Liab send besser
wia e Brotwurst mit Zänk.

I koch halt, wia i ka',
was mei' Sau net frißt,
des kriagt mei' Ma'.

I ka' au net an jeden Dreck denke',
hot's Weib zom Ma' gsait, wia
se's Mittagesse' vergesse' hot.

Host Durst — noh schlupf en e Wurst.
Host Honger, noh schlupf en e
Gugommer!

Liaber meh esse' wia zwenig trenke'.

Älleweil bsoffe' ist au regelmäßig glebt.

Liaber de Bauch verrenke
wia em Wirt ebbes schenke'.

146

Im Wirtenberger Lande

Im Wirtenberger Lande
Ist weit und breit bekannte
Daß edle Neckartal.
Da wächst ein g'sunder Safte,
Der gibt uns gute Krafte
Mit Freuden oftermal.
Jung, schenk mir ein
Ein Gläslein Wein,
Und bring's mir her,
Wie ich's begehr!
Mein lieber Herr:
Ich bitt, Ihr wollt mit Freude
Fein redlich tun Bescheide.
Frisch auf, ihr Herren! Her und dran,
Das Fäßlein hat kein' Panzer an.
Im fruchtbar'n Taubergrunde
Wächst Wein stark und gesunde,
Auch an vielen Orten mehr,
Dabei wir föhlich singen
Und oft mit Freuden springen,
Gut Wein jagd Trauern fern.
Jung, schenk mir ein
Ein Gläslein Wein,
Und bring mir's her,
Wie ich's begehr!
Mein lieber Herr:
Das Wasser ghört dem Fische,
Der Wein dem Menschen frische.
Frisch auf, ihr Herren! Her und dran,
Das Fäßlein hat kein Panzer an.

Aus »Des Knaben Wunderhorn«

Das schwäbische Viertele

Wenn es bei uns um ein Viertele geht, so kann damit nur ein Viertel Liter Wein gemeint sein. Wer wollte schon viertelesweis Hahnenwasser trinken? *Ein Viertele schlotze* zu können, gilt als Nachgeschmack des verlorenen Paradieses. Der passionierte *Viertelesschlotzer* ist ein Gemütsmensch, vor allem, wenn er es nach und nach auf ein und demselben Stuhl auf mindestens sechs Viertele gebracht hat. Im übrigen kann man sich seinen Wein trotz behördlich verordnetem Dezimalsystem kurz vor dem nachmitternächtlichen Heimweg auch noch als *Achtele,* ja sogar als *Sechzehntele* behutsam einflößen, — daß jo nix überlauft! 's wär jo schad'.
Einen *Schoppe'* Wein freilich wird man bei uns nie in einem Römer oder sonstigen Weinglas, sondern stets in einem Steinkrügle oder einer entsprechenden Karaffe serviert bekommen und dann aus einem kleineren normalen Weinglas mit Stiel »schöpple'«. Der *schwäbische Schoppe'* ist nämlich noch immer *ein halber Liter* und nicht wie in den Weinbaugebieten an Mittelrhein, Main und Mosel nur *ein lumpiges Viertel* bzw. neuerdings nur noch zwei Zehntel Liter. Der bayerisch-fränkische oder Pfälzer Schoppen Wein ist somit glatte Hochstapelei!

147

August Lämmle

Die schwäbischen Weine

Die schwäbischen Weine haben im Lande ihren Namen und ihren Ruf. Da gibt es vornehme Geschlechter, als da sind der Schnaiter Riesling, der Untertürkheimer Trollinger, der Fellbacher Lämmler, der Kleinheppacher Hofkammerwein, der Kleinbottwarer Brüssele, das Stettener Brotwasser, der Mundelsheimer Käsberger, der Heilbronner Clevner, der Ruländer von Meersburg, der Ingelfinger Weiße, der Weinsberger und vor allen der Elfinger Bergwein, der bei Maulbronn wächst. Zu diesen und anderen kommen die rechtschaffenen Bürgersleut: der Neckarhaldewein bei Eßlingen, der Mettinger, der Cannstatter Zuckerle, der Uhlbacher, der Rotenberger, der Geradstetter (der so gut ist wie die guten, bloß den Namen nicht hat), der Täleswein von Neuffen, den man schnell wegtrinken muß. Dazu kommen die Lauffener, Besigheimer, Strümpfelbacher, der Schorndorfer Grafenberg, der Endersbacher, Beutelsbacher und Korber, die Bottwartaler usw. Zu den kleinen Leuten, die aber besser sind als ihr Ruf und trotz des Spotts und Neckerei ihr Dasein fröhlich weiterfristen, gehört der Seewein, der vom Bohnentäle, der Tübinger und vor allem der Pfullinger und der Reutlinger, davon der beste Pfalzgraf heißt und von denen die Rede geht:
Dr Reutlinger der krätzt und beißt,
wie wenn e Katz e Hals na kreist.
Beim Pfullinger, do wurd's oim ganz,
als zieg mrn wieder ruf am Schwanz.

*

Ist der Jahrgang gut ausgefallen, sagen die schwäbischen Weingärtner stolz: »Aber gell, den he-mr wieder na'brocht! — Oiges Gwächs! Hano!« Ist der Jahrgang jedoch nicht besonders gut geraten, so stellen sie sachlich fest: »So hot'n onser Herrgott wachse lasse.«

*

Der Gottfried, einer alteingesessenen Tübinger Weingärtnerfamilie entstammend, hatte sich — alle wohlgemeinten Warnungen in den Wind schlagend — eine wohlhabende Reutlingerin angelacht und geheiratet. Sie brachte neben einigem Geld auch ein 200-Literfaß voll des besten Reutlinger Weines mit in die Ehe. — Nach Ablauf der Flitterwochen befragt, wie es ihm gehe, meint er freimütig: »Mr lernt halt nia aus. — Emmerhe woiß i jetz, was mr onter Mitgift verstoht!«

»Das große Buch«

Auch wir Schwaben haben unser überdimensionales Faß. Es liegt als »Großes Buch« im Kellergewölbe des Schlosses Hohentübingen und wurde 1548 von Herzog Ulrich gestiftet. Es faßt nicht weniger als 340 000 schwäbische Viertele. Das von Zwerg Perkeo bewachte Heidelberger Faß dagegen kann »nur« 221 726 badische Liter aufnehmen!

Georg Schwarz

Alte Weinschenke

Im Schilde prangt ein güldner Engel,
doch nicht der Wächter mit dem Schwert:
mit einem schlanken Lilienstengel
ist friedlich seine Hand bewehrt.
Die Sims und Fenster sind mit Reben
und Blumenranken bunt umbaut,
und Schwalbennester überkleben
die Wand bemörtelt und ergraut.
Die Stuben ruhn im braunen Dunkel
des Eichenholzes ernst und alt,
und Weines fließender Karfunkel
glänzt in der Kelche Ziergestalt.
Die guten, biederen Gestalten
um ihrer Tische weiten Kreis
vergessen Alter, Gram und Falten
und reden sich am Weine heiß.
Bei hochgestimmten Fröhlichkeiten
entschwindet unbemerkt die Zeit,
und ihrem zauberhaften Schreiten
gibt tickend nur die Uhr Geleit.
In diesem Frieden, dieser Stille
klärt sich die Seele wie der Wein:
sind beide ohne Stich und Grille,
dann können sie bekömmlich sein.

*

Ofenspruch

Der Wein hat zwei Mängel:
der gute verderbt den Geldbeutel
und der schlechte den Magen.

Theodor Heuss

Der Most, das schwäbische Nationalgetränk

Der Fremde bedarf eines Wortes der Aufklärung, wie es der Schwabe fertigbringt, das ganze Jahr Most zu trinken. Die Sache ist ziemlich einfach: er versteht darunter etwas anderes als der übrige Deutsche. Für den bedeutet das Wort den süßen Wein, flüchtiges Geschenk von ein paar Herbstwochen; für den Schwaben ist der Begriff Weinmost unverständlich. Denn es ist gerade dies das Wesen des »Mooschtes«, nicht Wein zu sein — es ist das aus Birnen und Äpfeln gekelterte, vergorene Getränk, für das Württemberg, wiewohl eine der obstreichsten Landschaften, noch über die Grenzen Material einführen muß. Frankfurts »Äppelwoi« ist ein Vetter des schwäbischen Mostes. Doch ist in Württemberg seine Verbreitung viel allgemeiner — im bäuerlichen und bürgerlichen Haushalt ist er, ein leicht säuerliches, erfrischendes Getränk, gar nicht wegzudenken; niemand kommt auf den Einfall, ihn zu den Alkoholika zu rechnen!

*

*E guater Moost ist älleweil noh besser
wia-n-e schlechter Wei'.*

150

August Reitz

Die Rüeßelwäsch'

Die jungen, zur Mast bestimmten Schweine, Butzele oder Hutzeli genannt, wurden zum Teil auf dem Schweinemarkt in der Oberamtsstadt Rottweil gekauft. Bei den vom Händler gekauften Butzele kam es häufig vor, daß dieselben, weil aus verschiedenen Ställen stammend, nicht miteinander fressen wollten, sondern sich gegenseitig bissen und abtrieben. In diesem Fall ging man her und rieb dem Butzele »d'Schnurre« ordentlich mit Schnaps ein. In den meisten Fällen soll diese Prozedur, die man »Rüeßelwäsch« nannte, geholfen haben.

Der Ausdruck »Rüeßelwäsch« hat sich übrigens bis auf den heutigen Tag erhalten, allerdings in etwas anderer Bedeutung. Von der allgemein üblichen Sitte, daß bei Gemeindewahlen die Kandidaten und Parteien sich oft gegenseitig ganz schrecklich beißen und mit allen Mitteln die Rathaussessel sich streitig machen, dürfte auch Schwenningen keine Ausnahme bilden. Ist aber die Schlacht geschlagen, so ruht der Parteien Zank und Streit, und auf dem Rathaus herrscht schon von der ersten Sitzung ab holder Friede, süße Eintracht. Die erste Sitzung, in der die neuen Mitglieder in ihr Amt eingesetzt werden, wird ausnahmsweise morgens angesetzt und findet nach kurzer Tagung ihre Fortsetzung in herkömmlicher Weise im Gasthaus »Zum Schlößle«. Ein ordentliches Gabelfrühstück nebst einigen guten Marken, alles von den neugewählten Mitgliedern gestiftet, und etliche begeisterte Reden sorgen dafür, daß alle Herzen weich werden, die vorhandenen Gegensätze sich mildern oder gar in voller Harmonie auflösen. Einträchtig geht es auch fernerhin zu Nutz und Frommen der Gemeinde auf dem Rathaus zu, und dazu mag nicht wenig die allgemein mit dem Namen »Rüeßelwäsch« bezeichnete Morgensitzung im »Schlößle« beitragen.

D' Rüeßelwäsch'

We-me zua de alte Saue'
nuie nei'loht en de Stall,
geit des eabe' — d'Baure' wisset's —
z'airste' gschwend en Saukrawall.

Alt ond nui ka' sich net schmecke',
Dorom schmiart mr — 's tuat net
    waih —
jedre Botzel, jedem Säule
gschwend mit Schnaps de Rüaßel ei'.

Ond schao' wird's em Saustall friedlich;
's gleiche Gschmäckle hent se äll'. —
So e Rüeßelwäsch wirkt Wonder,
währle, au en andre Fäll.

                    H.-E. Sch.

Fasnachtsküchle und Fastenspeisen

Lustig ist die Fasenacht,
wenn mei Muater Küchle bacht,
wenn sie aber koine bacht,
so pfeif i auf die Fasenacht!

Während sich die Pflege der schwäbisch-alemannischen Fasnet auf den katholischen ehemals vorderösterreichisch-hohenbergischen Raum und die ehemals hohenzollerischen Lande beschränkt, sind die *Fasnetsküchle* auch noch im altwürttembergisch-evangelischen Bereich beliebt. Die Küchle werden in siedendem Fett gebacken und Bekannten und Freunden angeboten. Zum Mittagessen ißt man sie zu Apfelbrei oder gekochtem Dörrobst. Sonst serviert man sie zu Kaffee. — Wie sehr sich ein Schwabe in der Fremde freuen kann, wenn ihm schwäbische Freunde zur Fasnet Küchle zusenden, zeigt nachfolgendes Gedicht:

Max Eyth (1836—1906)

Fasnetsküachle

's ist wohr, i plog mi wia net gscheit,
als ging's oms täglich Brot.
Zum Schreibe han i fast koi Zeit,
zum Esse langt's zur Not.

I dank euch halt, vergelt's euch Gott.
Meh breng i nemme raus.
Denn wenn mer's Maul voll Küachle
   hot,
ist's mit-em Dichte aus.

Heinz-Eugen Schramm

Fastepredig zom Aschermittwoch

Oh je, oh je!
Jetz isch se he',
mei' sechs,
dui Fasnetshex!
He' isch-(s)e!
Ond d'Auge wisch-e
vor lauter Jomer. —
E saure Gugomer
tät mr jetz naot:
D'Fasnet isch taot!
Mr hot se versäuft, vergrabe,
verbrennt! —
E traurigs End!

Des kommt davo',
des isch dr Loh'
für äll dui elend Narretei,
dui Freß- ond Sauf- ond Schmuserei,
des Romgehopse ond Gejohl!
Jetz hend-er's Kerbholz maih wia vool!
's isch Zeit jetz, daß-er en uich ganget,
uich an de oigne Nase langet.

152

's isch koiner besser wia dr ander.
Ans Britt na' müaßet-er selbander!
No her mit uich, ihr Bösewichter
ond ronter mit de Affegsichter!
E Fastepredig
hend-er nötig,
ihr Allmachtssappermenter,
ufmucke wend-er?!
Jetz goht's uich an de Krage,
will sage, an de Mage!

Oh waih, oh waih!
Nix Brotes maih!
Koin Speck maih ond koin
Schwartemage!
Jo, freile, des tät uich behage:
De Ranze vollends überlaste!
Vo wege, jetz hoißt's faste!
Statt Griabeschmalz
ufs Brot e Salz,
e doigets Gfräß
statt Leberkäs!

E Graupesüpple mit Muschkat
statt Ochsenmaulsalat!
Koin Schenke maih jetz aus-em Rauch!
Behelfet uich ond fresset Lauch!
Ond möget-er au bruttle,
nix isch mit saure Kuttle!
Au mit're Schlachtplatt isch verbei;
viel gsönder isch e Kendlesbrei!

Doch halt, i ben jo mitbetroffe!
Oi Hentertürle stoht ons offe:

I denk dabei an Neckersprotte —
egal ob bache oder gsotte.
Au Rollmöps oder Schnecke'
verlohnet's Maulabschlecke!
Ond gucket-er au noh so scheps,
's geit Leut, dia schwärmet gar für Krebs.
Froschschenkel, dia send au koi Send!
Ond daß-er nix zom Maule hent:
Maultasche dürfet au net fehle.
(Dren loht sich's Floisch so gschickt
    verhehle!)
Noi, noi, verhongre braucht mr net,
ond wer net will, hot ghett!

Em übrige — ond ebe drom —
au d'Fastezeit goht rom!
(Mi stört des net em Grengste).
Noch Aostere kommt Pfengste,
Johanne ond Jakobe
ond au de Herbst, den lob-e!
Ond überhaupt ond überhaupt
eb's Narrehäs am End verstaubt
em Kaste uf dr Behne,
goht's wieder uf Martene,
goht's tapfer uf Dreikönig zua,
noh hot d'arm Seel e Ruah,
goht's ohne Überlege
ufs nuie halt dagege!

Ond hot au d'Fasnet jetz e Loch,
Spaß an dr Freud, der bleibt ons doch!

Der schwäbische Gruß und andere Grobheiten

Anonymus (Hans Flach)

Der schwäbische Mittelweg

Eine entschieden sehr bedeutende Rolle im Verkehr der niederen Leute, Gesellen, Dienstmädchen, Arbeiter, Weingärtner spielt der *schwäbische Mittelweg,* den jeder gebildete Deutsche aus Goethes Götz von Berlichingen kennt. Gleichsam heilig gesprochen ist diese Phrase, seitdem König Friedrich den ihn aufweckenden und zu Napoleon zitierenden Adjutanten die Worte zurief: »Sagen Sie dem Kaiser, er kann mich —«. Napoleon soll damals bemerkt haben: »Ein gescheiter, aber sehr grober Mann«. Auch von einem berühmten Tübinger Botaniker, den ein Berliner Kommis unterwegs mit der Frage belästigte, ob es außer Suppen- und Spätzlesschwaben noch andere gäbe, erzählt man, daß er antwortete: »O ja, die geduldigen Schwaben« und dann weiter auf die Frage, was das für Leute seien, erwiderte: »Solche, die sich —«.

Auch folgende anmutige Geschichte passierte vor Jahren. Der Besuch Friedrich Wilhelms IV. war angekündigt und der Postillion bestimmt worden, der ihn per Extrapost von Tübingen nach Hohenzollern fahren sollte. Der Besuch wurde abtelegraphiert, indessen nur, weil der König inkognito kommen wollte. Der Postillion wurde abgestellt, mußte aber doch nachher den unbekannten Herrn in Zivilkleidern fahren, was er wegen des in Aussicht gestandenen Trinkgelds nur mit Widerwillen tat. Als der König sich nach der Unzufriedenheit des Postillions erkundigte, gab dieser zur großen Heiterkeit des Monarchen den Grund an. Endlich schenkte ihm der König bei der Ankunft in Hohenzollern ein Geldstück als Trinkgeld, worauf der Postillion schmunzelnd sagte: »Nun kann mich auch der König von Preußen —.«

154

Der »schwäbische Mittelweg« aber heißt diese kräftige Äußerung, seitdem jener Soldat nach einem Streit auf die Frage, ob er Prügel gegeben oder empfangen habe, antwortete: »Keines von beiden, sondern ich habe einen Mittelweg eingeschlagen«, und auf eine weitere Frage, worin dieser bestanden, die Erklärung gab: »Ich habe ihm gesagt, er kann mich —«.

Chr. F. D. Schubart

Grabinschrift für den Schieferdecker Bauer

Hier liegt entseelt und totenblaß
Das zweite Heidelberger Faß;
Erblaßt sind die Rubinen dir,
Einst deiner Stirn und Nasen Zier,
und vor des Himmels Pforte
Spricht Petrus diese Worte:
»Geh heim, du epikurisch Schwein,
Werd' Mensch, dann laß ich dich
    herein!«
Auf Brüder, singt den Abschiedsmarsch,
»Du, Bauer, lecke uns im Arsch!«

Friedrich Schiller

Brief an Ch. G. Körner — 1789

Könntest Du mir innerhalb eines Jahres eine Frau von zwölftausend Talern ver-schaffen, mit der ich leben, an die ich mich attachieren könnte, so wollte ich Dir in fünf Jahren — eine Frideriziade, eine klassische Tragödie und, weil Du doch so darauf versessen bist, ein halb Dutzend schöner Oden liefern — und die Akademie in Jena möchte mich dann im Arsch lecken!

Justinus Kerner

Geständnis an Carl Mayer — 1816

Mein neuester Wahlspruch lautet barsch: Glänz Himmel! Welt! Leck mich im Arsch!

Der Ulmer Fischermarsch

Leck me hente,
Leck me vorne,
Leck me kreuzweis am Arsch!
Und des ist der Ulmer
Fischer-, Fischermarsch!
Leck me am Arsch,
Leck me am Arsch,
Leck me am Arsch.

Die Gedenktafel

Bis zum Bombenangriff auf Heilbronn im Dezember 1944 befand sich an jenem Bürgerhaus, in dem Götz von Berlichingen während seiner Gefangenschaft von 1519 bis 1522 gewohnt hatte, eine Gedenktafel folgenden Wortlauts:

Unser großer Landsmann Götz
sprach: Jetzt geht die Sache letz,
aber — eh ich soll verrecken,
könnt ihr mich am Arsche lecken.
Goethe hört dies große Wort,
gibt ihm einen Dichterhort,
und er schafft mit dieser Tat
Deutschlands häufigstes Zitat.

Der Verfasser dieses Poems war kein Geringerer als der Pennäler *Theodor Heuss.* Der Altbundespräsident hat dem Herausgeber dieses Gedicht anläßlich eines Empfangs am 5. August 1960 in Göppingen aus dem Gedächtnis verschmitzt zugeflüstert. (Auf das Foto auf Seite 112 wird verwiesen).

Heinz-Eugen Schramm

Das Götzzitat als Gruß

Zugegeben, auf Nichtschwaben mag die Verwendung des sogenannten Götz-Zitats als *Grußformel* zunächst befremdend wirken. Wer jedoch selbst einmal Zeuge einer solchen Begrüßung unter Landsleuten war, der wird uns Schwaben insgeheim um diese spontan-herzhafte Begrüßungszeremonie beneiden:

»Jetz leck mi am Arsch, dr Frieder!
I ka' nemme, laß me gaoh!
D'Welt ist kloi', do sieht mr's wieder!
Rendviech alts! Wia goht dr's au?!

Mensch, des müaßet mr begieaße'!
Wirst doch net glei weiters müaße'?
Alter Sempel, uf goht's, komm!
Nix als wia en's »Fäßle« nom?«

Das also ist der *schwäbische Gruß* in individueller Prägung, wobei es durchaus zum »Brauchtum« gehört, sich gegenseitig auf die Schultern zu klopfen. Doch zunächst zum Grundsätzlichen: Bei besagtem Angebot handelt es sich um ein *Relikt uralten Nacktheits- und Abwehrzaubers,* wie er sich in ähnlicher Form in den religiösen Vorstellungen vieler Völker und Rassen findet. Wer den Dämonen, den Hexen, den Teufeln oder seinen persönlichen Feinden *das blanke Gesäß* zeigt, dem können sie nichs anhaben. Doch damit nicht genug. Unser Zitat begnügt sich nicht mit dem entblößten Hinterteil allein, es enthält auch noch die Aufforderung zum Lecken, zum »*Huldigungskuß*« als dem äußeren Zeichen der Unterwürfigkeit. Das oder der Böse soll nicht nur abgewehrt, er soll zugleich auch noch untertänig gemacht werden.
Auch in der Volkssage sind diese Vorstellungen bis heute lebendig geblieben. So soll die Stadt Crailsheim z. B. ihre Ret-

tung aus Kriegsnot im Jahre 1378 ihrer korpulenten Bürgermeisterin verdanken. Sie zeigte den Belagerern über die Zinnen hinweg ihre blanke Kehrseite:

Als Crailsheim belagert vom Feind,
Die Gattin des Schultheißen meint:
   »Mein blankes Gesäß
   Ist denen gemäß!«
Da flüchtet die Heerschar und weint.

So kommt es, daß man an alten Burg- und Stadttoren, an Türmen und Mauern, ja selbst an Kirchen und Klöstern das Götzwort als Abwehrzauber in Stein gehauen, in Holz geschnitzt oder in Bronze gegossen bildlich dargestellt finden kann. So finden wir »*Lecksfiedle*« z. B. am Ulmer, Freiburger und Straßburger Münster, an Kirchen bzw. Domen und Kathedralen in Bamberg, Heilbronn, Creglingen, Faurndau wie in Brünn, La Rochette, Bologna, Burgos und Tarragona, an der Komburg, an der Schallaburg bei Melk wie an der Churburg in Südtirol.

Doch zurück zum schwäbischen *Gruß*. Auch hier ist der bewußte Abwehrzauber wirksam. Man erinnere sich an Schillers »Ring des Polykrates«. Dort lautet die neunte Strophe:

Das hört der Gastfreund mit Entsetzen:
»Fürwahr, ich muß dich glücklich schätzen,
Doch«, spricht er, »zittr' ich für dein Heil.

Mir grauet vor der Götter Neide:
Des Lebens ungemischte Freude
ward keinem Irdischen zuteil.«

Als Gruß gebracht, steht unser Zitat also für unser heute so aufgeklärtes »Unberufen, toi-toi-toi!« Die Freundschaft, die sich bei einem unverhofften Zusammentreffen in der ersten Wiedersehensfreude spiegelt, könnte den Neid mißgünstiger Mächte wecken. Mit dem *Zauberspruch* wird diese Gefahr gebannt. Man tut so, als hätte man mit seinem Freund den »schönsten« Krach. Das ist im Grunde nichts anderes, als wenn im Mittelalter eine Mutter ihr noch ungetauftes Kind vor dem bösen Blick dadurch zu schützen suchte, daß sie, wenn Gefahr im Verzuge war, unser Zitat dreimal laut aussprach und sich bekreuzigte: *dreimal kreuzweis* also und womöglich noch *überzwerch!*

Auf die Kirchweih geladen

1689 wurde zur Turmstrafe verurteilt der Wirt R. in Rupertshofen, weil er den Obervogt und den Pfarrer »auf die unsaubere Kirchweihung geladen«.

   (Aus Chronik von Oggelsbeuren)

Und was steckt dahinter? — Wie das »Am Abend loben« oder »Im Adler treffen« bzw. »Im Mondschein begegnen« handelt es sich beim »Auf die Kirchweih laden« um ein verschleiertes Götz-Zitat. Ursprünglich lud man sich »salve honore« auf die *Kerbe* (Kerwe), in verstärkter Form sogar auf die »*unsaubere*« Kerbe, worunter man die Gesäß-Kerbe zu verstehen hatte. Um diese vulgäre Einladung zu tarnen, sie gewissermaßen appetitlicher zu machen, schob man das mundartliche *Kirbe* (Kirwe) = Kirchweih unter. *So wurde die (Arsch-)Kerbe zur Kirchweih!!*

*

Ihr könnt das jetzt braten wie sieden:
Das Götzwort schafft seelischen Frieden.
   Und fragt wer intim:
   Heißt's *am* oder *im?*«
Da sind die Geschmäcker verschieden.

Der Heilbronner Meylenstein

Im Herbst 1952 war an der Mauer eines Weinbergs am Fuße des Heilbronner Wartbergs das in Stein gehauene Zitat des Ritters Götz von Berlichingen entdeckt worden. Der damals amtierende *Oberbürgermeister Paul Meyle* bezog den Spruch auf sich und ließ unter die Aufforderung den Bescheid einhauen, daß er der Einladung vorläufig nicht Folge zu leisten gedenke.

Erst als 1972 im Zuge einer Flurbereinigung die beiden Steine versetzt werden mußten, bekannten sich zwei ehemalige städtische Arbeiter zu der Inschrift. Sie betonten jedoch, sie hätten seiner Zeit nicht den OB, sondern einen Weingärtner gemeint, der ihnen in der glühenden Hitze des Sommers 1952 einen kühlen Trunk

versag habe. — Die Inschrift war zunächst mit Lehm verschmiert worden, der erst nach und nach vom Regen herausgewaschen wurde.

Und die Pointe: OB Meyle übertrug den Auftrag zur Anfertigung des Antwortsteins damals ausgerechnet jenem Mitarbeiter, der — ohne Auftrag — auch den ersten gemeißelt hatte.

Die Tübinger Gôgen-Witze

Im Bereich des schwäbisch-alemannischen, aber auch des gesamten deutschen Sprachraums nehmen die Anekdoten der Tübinger Weingärtner, die »Tübinger Gôgen-Witze« mit ihrer schwerlich zu überbietenden Grobheit, ihrer sprachschöpferischen Treffsicherheit und makabren Pietätlosigkeit eine unumstrittene Sonderstellung ein. Der Grund hierfür ist letztlich — so ausgefallen das klingen mag — in der Gründung der Universität durch den Grafen Eberhard im Bart anno 1477 zu sehen. Der Gôgen-Witz ist nämlich nichts anderes als die gesunde Reaktion einer selbstbewußten bäuerlichen »Ur«-Bevölkerung gegen den ihr übertrieben dünkenden Machtanspruch der Wissenschaft. Mit anderen Worten: Die Tübinger Wengerter, die sogenannten Gôgen oder Raupen pflegen sich gegen das an-

maßende Gehabe und Getue gewisser Akademikerkreise mit elementarer Grobheit zur Wehr zu setzen.

Die anrüchigen — Verzeihung! — »Scheißbrühleerer-Witze« z. B., die man im Schwäbischen sonst nirgendwo findet, sind letztlich nur aus dieser, auf die besonderen sozialen Verhältnisse in Tübingen bezogenen Sicht zu verstehen. Professoren wie Studenten, die zudem — auch das noch!! — zu einem erheblichen Teil »hereingeschmeckt«, also Nichtschwaben sind, soll auf solch drastische Weise beigebracht werden, daß sie trotz hoher Geistesgaben eben auch nur Menschen, nichts als Menschen sind. Hier einige Beispiele:

Ein Gôg leert die Abortgrube einer Professorenfamilie. Die Frau Professor schaut vom Küchenfenster in den Hof hinunter, rümpft die Nase und ruft: »Aber, das riecht ja ganz entsetzlich!« — Antwort: »Hao-n-i des gschisse oder Sia!?«

*

Die Karlene, eine alte Jungfer, war gestorben und ihrem letzten Willen gemäß eingeäschert worden, und zwar im Krematorium in Stuttgart. Der Karle und der Frieder, ihre Brüder, holen die Urne mit den sterblichen Überresten dort ab. Auf dem Heimweg vom Tübinger Hauptbahnhof zur Stadt aber macht ihnen — es war

159

Winter — das Glatteis sehr zu schaffen. In der steilen Neckargasse kommt es zur Katastrophe: Zunächst stürzt der Karle, kurz darauf der Frieder, der die Urne trägt. Das Pflaster ist spiegelglatt, vergeblich versuchen sie weiterzukommen. — »Pietät hin, Pietät her«, meint schließlich der Frieder, »'s tuat mr loid, Karlene, aber jetzt wirst gstreut!« — Und so geschah's.

*

Ein Briefträger stürzt bei Glatteis am Lustnauer Tor unmittelbar vor dem Verkehrsschutzmann vom Fahrrad. Briefe und Postkarten werden weit über das Straßenpflaster verstreut. — »Geit's bei dr Post noh maih so Dackel?« fragt der Polizist herausfordernd von seinem Postament (Verkehrsturm) herab. — »Noi«, gibt der Postler zurück, »i ben dr letzt. Alle andere send bei dr Polezei!«

*

Ein Professor begeht einen gewöhnlich offenen Fußweg zur Zeit der Weinlese, in der dieser Weg für Unbefugte verboten ist. Ein Gôg ruft ihm zu: »Machst, daß d'aus meim Wengert rauskommst, du Siach, du verfluachter, oder i schlag dr d'Läuf a', daß d' uf de Stompe hoimkrattle muaßt!« — Der Professor erschrocken: »Ach, entschuldigen Sie vielmals, ich habe das Verbot übersehen.« — Der Gôg darauf besänftigt: »Drom sait mr's uich jo au en Guetem.«

Des ka' batte'

Schimpfen ist gewiß kein Privileg der Schwaben, dafür ist die Auswahl an bildhaften Schimpfwörtern beträchtlich. Hier ein ganz kleines Versucherle:

»Furzklemmer — Glufamichel — Häfelesgucker — Heckebeereslklauber — Huatsempel — Lahmarsch — Lällebäbbel — Schofseckel — Schleimscheißer — Schnokehuaster — Spinatwachtel — Trüabspitz.«

Zur Abrundung noch ein Gedicht. Man stelle sich die Situation vor: Da erwischt ein Tübinger Weingärtner einen Studenten steinespuckend auf seinem Kirschbaum!

Jetzt schleet's dreizeah! — Siach verruachter!
Jetzet hairt se älles uf:
Hocket so e krommer Flegel
uf mei Kirscheböömle nuf.

160

Wart, dir tua-r-e- für dein Gluste!
Ma'le, moi, dir hoiz-e ei!
Narr, i schla' de, schla' me's Blechle,
aogspitzt en de Bode nei!

Kirsche fresse, jo vo weage,
d'Gosch kriagst voll, daß noh so kracht,
du Zigeuner, du verreckter,
host dei Testament schao gmacht?

Kirsche fresse! — So weit kommt' s noh,
's Kreuz aushe'k dr, daß d'net woißt,
ob de Ma bist oder Weible
ond noh weniger wia d'hoißt!

Waihtag, jo, du kommst mr gschliffe,
steig du airst vom Böömle ra,
ond dein Arsch, sell därfst mr glaube,
kast no en dr Schleng hoimtra'!

Dackelhaftes

Wie ein Dackel zu schaffen oder für andere den Dackel zu machen, ist nicht jeder-
manns Sache, ein Dackel zu sein an sich
ist noch keine Schande. Mein »Fetz« ist es
schon zeitlebens und — bei *dem* Herrle
kein Wunder! — sicher nicht ungern.
Und wenn wir beide gemeinsam zum
samstäglichen Frühschoppen in der Weinstube Fritz Schmid in der Jakobsgaß erscheinen, so ist die traditionelle Begrüßung »so, kommt ihr zwoi« als Ausdruck
freundschaftlicher Verbundenheit zu werten und als Bestätigung dafür, daß wir
beide in dieser Runde voll ästimiert werden.
Absolut und grundlegend anders sieht es
aus, wenn man von irgendeinem hergelau-
fenen Zeitgenossen als Dackel tituliert
bzw. zum Dackel ernannt wird. Dabei
mögen Variationen wie Allmachtsdackel,
Erzdackel, Geistesdackel, Granddackel,
Granate'dackel, Jenseitsdackel, Mords-
dackel, Saudackel, Schmalzdackel und
selbst der als »Wiese'waldele« mit Beiß-
korb versehene Grasdackel noch als Ausdruck momentaner Verärgerung hingehen, der *Halb*dackel indessen überschrei-
tet als halbierter einfacher Dackel bei weitem das Maß des Zumutbaren und bedeutet für jeden selbstbewußten Schwaben eine vorsätzliche und beleidigende Unter-
stellung, die in ihrer Böswilligkeit nur
noch übertroffen werden kann mit der
dackelhaften Feststellung:
*Aus dir könnt mr glatt drei Halbdackel
mache'!*

Nicht auf Kopf und Maul gefallen

Georg Schwarz

Vom Pfeffer von Stetten — dem schwäbischen Eulenspiegel

Es war zur Zeit der Fasnacht, als ein Wagen durch das Dorf Stetten fuhr, auf dem eine schmale, lange Kiste lag, die einem Sarg nicht unähnlich war. Der Fuhrmann, den man im Dorf kannte, pflegte in der Kiste die entseelten Selbstmörder zu holen und in die Anatomie nach Tübingen zu führen.

Es war schon lange Zeit nicht mehr vorgekommen, daß sich zu Stetten einer entleibt hatte, und verwundert schaute jedermann dem Gefährt nach und wollte wissen, wer da geholt werden sollte!

Der Fuhrmann, der wohl merkte, daß man auf ihn acht gab, fuhr zuerst in eine Gasse links ein, lenkte zurück und fuhr in eine Gasse rechts, und als er glaubte, daß man seine Spur verloren hätte, ließ er seinen Wagen in David Pfeffers Höflein einlaufen, verschloß das Tor und verriegelte es.

Danach sah man im Haus eine Hand von innen die Fensterläden zuschlagen.

Dann war es still. Nach einer Weile öffnete der Fuhrmann wieder das Tor und fuhr mit dem Wagen, auf dem die lange graue Kiste lag, aus dem Hof. Obwohl er alles heimlich betrieben hatte, war sein Tun nicht unbemerkt geblieben und er wurde von Draußenstehenden befragt, wer sich in Pfeffers Haus ein Leid angetan habe, ob Pfeffer selbst oder ein anderer!

Der Fuhrmann, der ein brummiger Kerl und Schweiger war, sagte nichts weiter als, er hätte seine Müh und Not gehabt, den langen Kerl in seine Kiste hineinzubringen, fluchte, murmelte was vor sich hin und fuhr zu.

Da gerieten nun einige, die dabei standen, ganz aus dem Häuschen vor Schreck und Grauen, daß der lustige Pfeffer sich entleibt haben sollte, liefen zu seiner Braut, der Magdalena, und brachten die Unglückliche in die größte Verzweiflung, denn sie hatte sicher mit der Hochzeit gerechnet und schon alles vorbereitet. Als der Totenwagen an ihrem Haus vorüberfuhr, trat sie ans Fenster, rang die Hände, nannte den Verstorbenen in einem Atem einen Ehrenmann und einen Ungetreuen, ihren guten Engel und ihren Glücksverderber, und Tränen liefen ihr über die Backen, von denen man nicht wußte, ob es Schmerzenstränen oder Tränen der Wut waren!

Zu spät fiel es ihr ein, den Fuhrmann, der ohnehin keine freundliche Miene für sie hatte und eilig zum Dorf hinunterfuhr, nach dem Totenschein zu fragen!

Aber laßt uns bei dem Fuhrmann, seinem Wagen und seiner Fuhre bleiben!

Eine gute Wegstunde vor dem Dorf ließ der mürrische Fuhrmann das Pferd vor einer einsamen Herberge haltmachen und tat einen Pfiff. Der Deckel des Sarges hob sich, und ein Lebendiger, der darin lag, steckte den Kopf heraus und fragte: »Wie ist die Luft?«

Da trat der Wirt mit seiner Magd vor das Haus, der Fuhrmann tat wieder einen Pfiff und der Deckel klappte zu.

»Was für einen hast du denn heut' in deinem Kasten?« — fragte der Wirt den Fuhrmann, und trat gemächlich an den Wagen heran.

»Ach, ich soll's nicht sagen«, seufzte der, »aber diesmal ist die Reihe am Pfeffer von Stetten, der mir ein lieber Freund war!« —

»Mir nicht minder,« sagte der Wirt, »für den ist's jammerschade! Auf zehn Stun-den weit und breit hat keiner so gut zum Tanz aufgespielt wie er, und sein Mundwerk war Gold wert! Wiewohl er mir noch zehn Gulden schuldig ist, will ich ihm nichts nachsagen. Ja, ich schenkte sie ihm gern und eine Flasche Wein dazu, wenn er noch lebte!«

»Das hält kein Toter aus!« rief da plötzlich eine Stimme aus der Kiste. Der Wirt mußte sich am Wagen festhalten, so schüttelte ihn der Schreck. Mit einmal flog der Sargdeckel in die Höhe und hervor sprang Pfeffer, wie er leibte und lebte!

»Ich nehme dich beim Wort, guter Freund!« rief er, hüpfte vom Wagen und umarmte den zu Tode Erschrockenen.

»Es bleibt dabei«, sagte der Wirt, »der Witz ist mir eine Flasche wert! Aber was hast du vor, Pfeffer, daß du dich in einen Sarg legst und auf dem schändlichen Fuhrwerk umherfährst?«

»Wenn du die Wahrheit erfahren willst, gesetzt, daß du schweigst,« antwortete Pfeffer, »dann gib auch dem Fuhrmann eine Flasche! Er hat sie so gut verdient wie ich!«

»Es kommt mir nicht darauf an«, sagte der neugierige Wirt, »sei unbesorgt, ich bin von der Partie, wenn es einen guten Streich gilt!«

Unterdessen brachte die Magd den Wein. — »Du mußt wissen, daß ich tot bin!« sagte Pfeffer. — »Es ist schwer zu glauben«, sagte der Wirt. — »Für die zu Stetten bin ich's! Hast du schon von den Schildbürgern gehört?« — »Wohl! Wohl!«

»Die einen leibhaftigen Bock zum Gärtner gemacht haben —!? — Die zu Stetten sind ihnen über!« sagte Pfeffer und erzählte dem Wirt, auf welche Weise er mit der Schulzentochter verlobt worden war, und wie der Schultheiß ihn zum Büttel machen wollte, um seine Tochter recht versorgt zu wissen! —

Da fing der Wirt wieder zu lachen an und sagte: »Ei, in einem solchen Falle muß der Bock klüger sein als die Bockhalter!« — »Er ist's auch!« sagte Pfeffer. — »Und die Hochzeit?« fragte der Wirt. — »Ist schon vorüber oder fällt aus, wie Ihr wollt!« — »Das ist dein bester Streich, Pfeffer, wiewohl es dich teuer zu stehen kommt, dein Haus und alles dahintenzulassen!« — »Ich kanns nicht vor mir hertreiben!« sagte Pfeffer.

Als sie die Flasche getrunken hatten, stand Pfeffer auf, nahm seine Geige aus dem Zwerchsack, fiedelte so wild und schön, wie er nie vorher gefiedelt hatte, lachte und drehte sich wie ein Tänzer. Voll Übermut warf er die Geige in die Luft und fing sie wieder auf, lief quer übers Feld, juchheite und pfiff und lachte über die ganze Welt, der Schelm, der Schalk, der närrische Fiedler!

Soweit Georg Schwarz. Wie es mit dem guten Pfeffer nach vielen Jahren dann tatsächlich zu Ende ging, darüber erzählt

Sebastian Blau

Die letzte Bitte

Als es ans Sterben ging, ließ Pfeffer den Bürgermeister und den Pfarrer von Stetten zu sich rufen. Er war mit beiden übers Kreuz, und sie dachten nicht anders, als daß er endlich auf dem Totenbett bei ihnen abbitten wolle für alles, was er ihnen angetan. Sie kamen also.

Da hieß er den einen links, den andern rechts neben sein Bett stehen, faßte beide bei der Hand und sagte:

»So ka's et fehle', jetzt stirb i wia dr Heiland — zwische' zwoi Schächer!«

Sprach's und verschied. —

Hans Reyhing

Die Stimme von oben

In einem Städtchen des schwäbischen Unterlandes lebte vorzeiten ein Kammacher Jakob Schwägele und nährte sich und seine zahlreiche Familie mit seiner Hände Arbeit recht und schlecht. Es war gerade kein besonderer Wohlstand im Haus, aber man kam durch, und der alte Vater des Meisters schien recht zu behalten, wenn er die tüchtigen Grundlagen des Kammachergewerbes ihm einst also gepriesen hatte: »Bua, wurst Strählsäger, d'Läus grotet älle Johr.«

So ging alles gut, bis im Städtchen eine geistliche Seuche ausbrach. Im Lande waren Leute aufgestanden, die einen besonderen Himmel und eine besondere Hölle, einen besondcren Herrgott und besondere Engel entdeckt zu haben glaubten, und von dieser besonderen Seite berufen zu sein vorgaben, die Menschen vor Einbruch der letzten Dinge, der jeden Augenblick erfolgen könne, für ihren besonderen Himmel und vor ihrer besonderen Hölle zu retten. Sie gaben vor, ihre Lehren und Meinungen durch besondere Eingebungen und Offenbarungen unmittelbar von oben zu empfangen.

Dieweil nun die Menschen in Schwaben mit großer Liebe ihr eigenes Gärtle und Häusle haben und pflegen und nicht ungern ihre eigenen Wege gehen und ihre eigenen Gedanken haben, was eine ganz schöne und gute Sache ist, so verfangen solche neuen Lehren und Predigten gar leicht in ihren Herzen, und sie haben es nicht ungern, wenn man ihnen einen besonderen Himmel und eine besondere Hölle entdeckt und einen besonderen Herrgott und besondere Engel zusagt, was keine gute und schöne Sache ist.

Aber was will man machen? Auch der Kammacher Jakob Schwägele schloß sich der neuen Sache an und stand bald unter denen, die Offenbarungen und Stimmen von oben hörten. Gläubig gab er sich diesen Offenbarungen hin und war eifrig dabei, seine Mitmenschen dafür zu gewinnen. Seine Kammacherei aber vernachlässigte er völlig. Seine Buben und Mädchen bekamen schmale Gesichter und seine Frau hatte besorgte Augen, da sie bald nicht mehr wußte, wie sie das Nötigste für des Leibes Nahrung und Notdurft auftreiben könnte. Sie versuchte, ihren Mann mit guten Worten zur Arbeit zurückzubringen, aber umsonst, er erklärte ihr rundweg, daß er eine andere Berufung habe und nur noch den Stimmen und Offenbarungen von oben folgen wolle.

Mit nassen Augen und sorgenbedecktem Gemüt ging die Frau durch die harten Tage. Als aber die Not zu allen Fenstern hereinguckte und das Kleinste in der Wiege immer entsetzlicher schrie, weil die Milch immer mehr verdünnt werden mußte, griff sie entschlossen auch nach einem besonderen Mittel, den Mann wieder zu seinem Handwerk und zu seiner Familie zu bekehren.

Eines Mittags, als das Kleinste seinen Hunger wieder in die sonderbare Welt hinausschrie und der Kammacher sich zum Studium einer Predigt in die Küche begeben hatte und dort statt der Stimme seines Kindes höheren Offenbarungen

165

und Eingebungen lauschte, zog die Frau die Küchentür zu, schlich auf die Bühne hinauf und öffnete mit großer Vorsicht das Kamintürle. Nun aber nahm sie alle Kraft zusammen, wie es für ihr sonderbares, ihr selbst widerstrebendes Unternehmen notwendig war, und rief mit verstellter, dumpf rollender Stimme durch den Kamin hinunter: »Jakob, Jakob!«

Der Kammacher in seiner Küche drunten blieb verzückt stehen und rief in den Kamin hinauf: »Rede, Herr, dein Knecht höret!«

»Willst du alles tun, was mein Mund dir aufträgt?«

»Alles, Herr, was du mir befiehlst. Was soll ich tun?«

»Du sollst Kämm' mache, Kämm!« fuhr die Stimme fort.

Da schwieg der Kammacher und blickte ehrfurchtsvoll in den Kaminschoß hinein, ob nicht noch ein Nachsatz folgte, der von höheren Dingen gesprochen hätte. Aber tiefe Stille war, und der Kammacher fuhr sich langsam über seine Denkerstirne. Der Stimme von oben mußte er doch gehorchen, und er verließ die Küche und begab sich sinnend in seine Werkstatt. Und als seine Frau nach einer Weile vorsichtig die Bühne heruntergestiegen kam, fand sie ihn schon eifrig bei der Arbeit.

Mit einem befreienden Aufatmen ging sie in die Stube und nahm freudig das Kleinste ans Herz.

Das Gebet

Die Gräfin von Grävenitz, die Mätresse des Herzogs Eberhard Ludwig, bedrückte das Land über alle Maßen. Eines Tages verlangte sie vom Hofprediger Osiander, er wolle sie ins Kirchengebet mit einschließen.

»Das geschieht schon längst, Gräfin«, erwiderte der Geistliche, »denn wir beten jedesmal im Vaterunser:... und erlöse uns von dem Übel!«

August Lämmle

Die neue Schüssel

Bei Schuhmachermeister Jeremias Haberstroh in der Küfergasse in Esslingen hielt der Meister auf gute Arbeit und die Frau Meisterin auf gutes Essen. Und es blieben die Gesellen dort länger als sonstwo und gehörten zur Familie und konnten sich etwas erlauben. Wenn das Essen aufgetragen wurde, z. B. Sauerkraut und Geräuchertes, in einer großen irdenen Schüssel mit Blumen am Rand, so lag oben auf dem Kraut das Fleisch für jeden zugeschnitten. Und da, wo an der braunen Schüssel ein grünes Ringlein war, dahin legte die Meisterin das Stücklein für den Meister, das war ausgesucht und größer

166

als die anderen, und war dies ganz in der Ordnung. Die Magd aber mußte die Schüssel immer so stellen, daß das Ringlein nach des Meisters Platz guckte.

Eines Tages aber, als die Meisterin eine neue Magd hatte, zerbrach die Schüssel beim Ausreiben kurz vor dem Essen. Also holte die Frau Meisterin geschwind beim Häfner eine neue, die war grün und hatte außen herum einen braunen Strich. Und als es nun pressierte mit dem Essen, richtete zwar die Meisterin das Fleisch richtig und wie sonst und sagte zur Magd: »Etz, tapfer hinein, sie warten«. Aber drinnen stellte die Kathrine die Schüssel verkehrt, denn sie hatte kein Ringlein, und des Meisters Fleisch lag an des Gesellen Platz; es war ein »Knöchle«. Das sah der Gesell mit Wohlgefallen, und es ward ihm damit ein alter Wunsch erfüllt. Aber der Meister sah die Sache mit anderen Augen an und dachte: »Wie mach' ich's?« Denn er war ein nobler Mann.

»Frau«, sagte er, »was seh ich! Hast eine neue Schüssel! Ei, guck auch«, und hob die Schüssel in die Höhe, als wollte er sie näher betrachten, »eine grüne diesmal mit einem braunen Läufle! Da schmeckt das Kraut noch einmal so fein!« Und damit drehte er, sie betrachtend, die Schüssel sachte in der Luft und setzte sie so ab, daß das Knöchle an seinem, nämlich des Meisters Platz lag. — Der Gesell aber war nicht umsonst seit Jahr und Tag beim

Meister Jeremias Haberstroh. »So was«, sagte er, »da schau, eine feine Schüssel!« und hob sie auf, wie um den schönen braunen Lauf besser zu sehen, »was hat die gekostet? So, drei Batzen? Da ist sie nicht zu teuer, das ist sie wert« und damit drehte er, betrachtend, die Schüssel sachte in der Luft und setzte sie so ab, daß das Knöchle an seinem, nämlich des Gesellen Platz lag. Und so blieb es, und der Geselle hat diesmal das Knöchle gegessen, und der Meister hats ihm gegönnt und sich selber über den gelungenen Streich gefreut. Um vier Uhr aber sagte er zur Meisterin: »Ich geh' heut' ein bißle hinüber zum Lechleitner in den ›Blumenstrauß‹, das Kraut bläht mich so!« und hat dort das Knöchle gegessen als Ersatz.

Friedrich Hummel

Die Schultheißenwahl in Feldstetten

Der Schultheiß von Feldstetten hatte altershalber sein Amt niedergelegt. Ein neuer war zu wählen. Ein schwieriger Fall! Einer von auswärts konnte nie und nimmer der »Haichst im Flecke« werden; dazu waren die Feldstetter zu stolz. Nur ein einheimischer Bürger konnte in Be-

167

tracht kommen. Aber wer? fragten sich die Mannen. Natürlich der, der den größten Geldsack hat. »Und der bin ich,« dachte jeder im stillen — oder wer am meisten Grütz' im Kopf hat. — »Das bin wiederum ich und kein anderer!« Und sich selber kann man doch nicht wohl wählen. So kam der entscheidende Tag heran. Mann für Mann im Bewußtsein der Würde, die das Wahlrecht dem Bürger verleiht, schritt zur Abstimmung auf das Rathaus, um vielleicht selbst als Schultheiß gewählt zu werden. Denn, wie gesagt, jeder hätte am liebsten sich selbst gewählt.

Vor dem Wahlzimmer stand der Dorfbüttel mit den leeren Stimmzetteln, um jedem der Wähler einen solchen einzuhändigen. »Ja, wen soll ich halt auf den Zettel schreiben?« — »Ei,« erwiderte schlau lächelnd der rotbärtige Büttel, wenn dir kein Name einfällt, so schreib halt den meinigen drauf — zum Spaß! Auf eine Stimme kommts ja nicht an.« — »Hast recht,« meinte der Mann, »'s ist nur zum Spaß!« Und er schrieb den Namen des Büttels auf den Zettel und legte ihn in die Wahlurne. So der erste, der zweite, so der dritte und so fort, wie die Feldstettener Bürger einzeln zur Wahl herangeschritten kamen. »'s ist nur zum Spaß!« Richtig, als man am Abend die Wahlurne öffnete und die Stimmen zählte, da gab es einen Spaß und keinen kleinen: zum

»Haichsten im Flecken« war der Büttel einstimmig gewählt worden. Und so ist's gekommen, daß in Feldstetten der Dorfschütze »aus Spaß« auf den Schultheißensessel zu sitzen kam.

Veit Bürkle

Der Holzbackofen

In einem Dorf auf der Schwäbischen, wenn man es genau wissen will, der Uracher Alb, hat man das alte Gemeindebackhaus abbrechen müssen und nun hat sich ein heftiger Disput im Dorf ergeben, ob man das neue mit einem elektrischen Ofen ausstatten oder wieder einen Holzofen wählen soll, einmal, wie die Männer meinten, weil man doch alle Jahr genug Backreisig habe und besonders auch, weil das Brot aus einem Holzofen eben besser schmeckt, was wahr ist. Die Frauen aber wollten es neumodischer haben. Es gab fast einen Tumult im Ort, so setzten sie sich für einen elektrischen Ofen ein.

Da hatten es die Herren Gemeinderäte mit ihrer Entscheidung gar nicht leicht. Da zog an dem Abend, als die schon ein paarmal verschobene Entscheidung endgültig fallen sollte, ein Gewitter herauf, spät, als man schon Licht machen mußte, weil die Sitzungen auf dem Rathaus ja erst nach

168

dem Abendessen anfangen, und es zuckte den ganzen Himmel entlang und donnerte hinterher, und auf einmal ging im Sitzungssaal das Licht aus und da saß das Gemeindeparlament nun im Finstern. Da sagte in das Dunkel hinein einer von den Gemeinderäten nicht mehr als: »So, jetzt bachet!« — Und als das Licht nach einer Weile wieder aufflammte, entschied man sich mit allen Stimmen für den Holzbackofen.

Ludwig Finckh

Zwei Schmugglergeschichten

Schinken

Eine Bauersfrau fährt im Zug, rund und wohlgenährt. Wie sie einstieg, hat sie einen Pack unter die Bank geworfen und sitzt breit darüber. Ein Paar Schinken sind drin.

Es ist gut, daß man die Mode nicht mitmachen muß auf dem Land. Die kurzen Röcke sind fehl im Grenzgebiet. Die Frau zieht ein Stück Brot heraus und haut ein. Die Paßkontrolle kommt in den Zug; danach die Zöllner. Stattlich thront die Bauersfrau. Ihr Gesicht glänzt. »Ich sitz' auf meinen Schinken«, spaßt sie den Zöllner an.

»Sell ist bigott ein Wort«, nickt der, denn es sind wirklich Prachtsrundungen, wor-

über die Gute verfügt. — Man schelte nicht auf die langen Röcke. Sie sind im Grenzgebiet Gold wert.

Der Brautschleier

Auf einem Bodenseeschiff fahren ein junges Mädchen und ein würdiger Kapuzinerpater. Sie kommen ins Gespräch über den blauen Wellen und sehen miteinander die Fische schnellen. Auch Kapuziner haben ein Herz für die Natur. — Wie das Schiff sich dem Landungshafen nähert, wird das Fräulein unruhig. »Nächste Woche hab' ich Hochzeit«, sagt sie, »und hab' mir da einen Brautschleier gekauft. Kostet der Zoll?« Der Pater lächelt. — »Geben Sie ihn mir«, sagt er. — »Aber ich sags, was ich hab.« — Er empfängt ihn von der Braut, ein zartes Gebilde, und steckt ihn mit spitzen Fingern in die Kuttenfalte im Nacken.

Das Schiff legt an, und sie steigen aus. Fröhlich schreitet der Pater auf den Posten los. »Ich hab' einen Brautschleier!« sagt er. — Der Zöllner lacht verständnisvoll. — »Die geistlichen Herren verstehen doch Spaß«, denkt er. »Mit denen ist gut schirren.« — An der nächsten Ecke holt der Kapuziner das Kleinod aus der Kutte. — »Nun?« fragt er »darf ich zur Hochzeit kommen?«

Reinhold Maier

Die Wildschweinplage

Schon während des Weltkrieges Nummer 2 hatten sich die früher im Lande ganz seltenen, kaum anzutreffenden Wildschweine fühlbar vermehrt. 1945 waren von der amerikanischen Besatzungsmacht sämtliche Jagdgewehre weggenommen worden. Ihr Besitz oder gar Gebrauch war unter schwerste Strafdrohung gestellt. Drakonische Strafen wurden von den Militärgerichten ausgesprochen und vollstreckt. Die Wildschweine nahmen nicht mehr bloß zu, sie nahmen rapid überhand. Der schwere Mißstand wurde an die höchsten Stellen der Militärregierung gebracht z. B. auch von uns Ministerpräsidenten im Länderrat der US-Zone in Stuttgart dem Militärgouverneur General Lucius D. Clay bzw. seinem Vertreter unterbreitet. Die Beschwerden wurden jeweils mit einem Achselzucken abgelehnt. Den Deutschen wieder Waffen in die Hand zu geben, das war in jenem Zeitpunkt eine Vorstellung welche den Amerikaners total unmöglich erschien.

‹Manches Mal bin ich frühmorgens auf den Schurwald gerufen und aufgefordert worden, den in der Nacht auf den Äckern angerichteten Schaden zu besichtigen. Ich erschien auch jeweils an Ort und Stelle. Ich machte auch Volksversammlungen über die Schwarzwildschäden mit. Ich glaube sagen zu dürfen, daß ich mit den letzten Fältchen des Problems vertraut war. Mein letzter Trost an die oftmals sehr erbosten Bauern war stets: »Die Plage ist langsam gekommen, sie geht auch langsam wieder. Aber sie wird gehen.« — Das traf auch ein.

Nach einem solchen Besuch ist man froh, wenn man nichts mehr oder nicht sofort etwas hört. Ich hörte überhaupt nichts. Die Forstverwaltung hatte in das Forsthaus Eulendorf ein Jagdkommando junger Forstanwärter gelegt. Diese boten eine Gewähr, daß den Schwarzkitteln so eingeheizt wurde, daß es ihnen verging, ihren Naturtrieb als Wechselwild mir nichts dir nichts abzulegen und sich als Standwild mit festem Wohnsitz dort niederzulassen, wo es ihnen gerade gefällt.

Ein halbes Jahr später traf ich bei einer Alleinwanderung auf der Höhe des Haghofs einen Walkersbacher Bürger. Man sprach von diesem und jenem. Von den Wildschweinen sprach der Mann nicht. So stellte ich die Frage: »Was machet denn eure Wildschweine?« — Die Unschuld vom Lande antwortete treuherzig: »Seit Sie, Herr Ministerpräsident, dagwesa sind, habe mir kei Wildsau meh gseha!«

170

Nur keinen Neid!

Heinz Eugen Schramm

Sieben Limericks

Es waren die sieben Schwaben
Gemeinschaftsbewußte Knaben.
  Sie trugen sich ein
  Bei Gericht als Verein.
Mehr braucht ein Verein nicht zu haben.

Ich liebe die schwäbischen Weine
Von Neckar und Rems, und ich meine:
  Wir wissen als Schwaben,
  Was wir daran haben.
Drum Prosit und jedem das Seine!

Zu Nektar vom Neckargestade
Nur engste Freunde ich lade.
  Der Tübinger Wein
  Ist räs nur zum Schein —
Und Schwabe zu sein — eine Gnade!

Mehr sein, sagt der Schwabe, als
  scheinen.
Im Großen gilt dies wie im Kleinen.
  Wer Maultaschen ißt.
  Erst richtig ermißt,
Was innerer Wert ist bei Schweinen.

Bei Schwarzriesling, jenem aus Lauffen,
Da läßt sich's genüßlich verschnaufen.
  Für Frauen wie Männer,
  Ein Tropfen für Kenner —
Zum Schlotzen, nicht etwa zum Saufen.

Es pflegen die waschechten Schwaben
Die Spätzle von Hand noch zu schaben.
  Vom Brettle ins Wasser,
  Das ist was für Prasser!
Selbst Hölderlin wollt' es so haben.

Ein Schwabe aus Oberstenfeld,
Der nahm sich ein Weib mit viel Geld,
  Er nannte sie Mäusle
  und baute ein Häusle —
Und grüßte den Rest der Welt.

171

Quellenverzeichnis

Abraham a Santa Clara: »In der Arche waren nicht nur Trauben«. J. F. Steinkopf GmbH, Stuttgart 1981.

Adam, Hans Karl: »Das Kochbuch aus Schwaben«. Wolfgang Hölker Verlag, Münster 1976.

Baumhauer, Hermann: »Der Schneider von Ulm« aus »Schwäbische Curiosa«, herausgegeben von Georg Kleemann. Rainer Wunderlich Verlag Hermann Leins GmbH & Co., Tübingen 1974.

Blau, Sebastian (Josef Eberle): »Ob denn die Schwaben nicht auch Leut wären?«. Rainer Wunderlich Verlag Hermann Leins GmbH & Co., Tübingen 1951; — »Die trauten Laute«. Deutsche Verlagsanstalt GmbH (DVA), Stuttgart 1975; — »Schwobespiegel«. Deutsche Verlagsanstalt GmbH (DVA), Stuttgart 1981; — Zitat aus Nachwort zu Peter Stricks »Starker Tubak«. Jürgen Schweier Verlag, Kirchheim/Teck 1978.

Bluth, Siegfried: »Was Schwaben so alles können — Das schwäbische Buch der Rekorde«. J. F. Steinkopf Verlag GmbH, Stuttgart 1980

Brustgi, Franz Georg: »Wenn die zweiunddreißig nicht wären« aus »Das frohe Jahr«, herausgegeben von Karl Götz. Stieglitz Verlag E. Händle, Mühlacker 1980.

Buck, Michel: »Michel-Buck-Brevier« herausgegeben von H.-E. Schramm. Verlag Graphischer Betrieb Willy Metzger, Ertingen 1981.

Bühner, Karl Hans: »Die sieben Schwaben in der Schweiz« aus »Schwäbischer Heimatkalender 1967«. Verlag W. Kohlhammer GmbH, Stuttgart.

Bürkle, Veit: »Der Holzbackofen« aus »Schwäbischer Heimatkalender 1967«. Verlag W. Kohlhammer GmbH, Stuttgart.

Emmert, Karl: »Antwort auf das Lied der Schwaben«. Bodan-Ansichtskartenverlag H. Bockelmann, Langenargen.

Finckh, Ludwig: »Die Lerche«. Deutsche Verlagsanstalt, Stuttgart 1918; — »Ausgewählte Werke«. Silberburg Verlag Werner Jäckh, Stuttgart 1956.

Flach, Johannes: »Culturbilder aus Württemberg von einem Norddeutschen«. Verlag Albert Unflad, Leipzig 1886.

Fontane, Theodor: »Der Krieg gegen Frankreich 1870—1871« 1. Band. Verlag der Königlichen Geheimen Ober-Hofbuchdruckerei, Berlin 1873.

Frielinghaus-Heuss, Hanna: »Heuss Anekdoten«, erweiterte Neuauflage 1979. Bechtle Verlag, Esslingen.

Götz, Karl: »Das frohe Jahr«. Stieglitz Verlag E. Händle, Mühlacker 1980.

Griesinger, Theodor: »Württemberg — nach seiner Vergangenheit in Land und Leuten«, unveränderter Nachdruck von 1866. Verlag Wolfgang Weidlich, Frankfurt/Main 1978.

Grüninger, Ursula: »Das schwäbische Kochbuch«. J. F. Steinkopf Verlag GmbH, Stuttgart 1979.

Heuss, Theodor: »Schwaben«. Rainer Wunderlich Verlag Hermann Leins GmbH & Co., Tübingen 1967.

Hötzer, Karl: »Der Elefantenreiter«. Verlag Hermann Daniel, Balingen o. J.

Italiaander, Rolf: »Ferdinand Graf v. Zeppelin«. Verlag Friedrich Stadler, Konstanz 1980.

Jung, Michael von: »Grablieder«. Auswahl von Sebastian Blau. Rainer Wunderlich Verlag Hermann Leins GmbH & Co., Tübingen 1953; — Auswahl von Alfred Weitnauer. Verlag für Heimatpflege, Kempten/Allgäu 1963; — Auswahl der Herderbücherei, Freiburg 1977.

Kammerer, Ernst: »So isch no au wieder«. Karl Knödler Verlag, Reutlingen 1977.

Kleemann, Georg: »Schwäbische Curiosa«. Rainer Wunderlich Verlag Hermann Leins GmbH & Co., Tübingen 1974.

Lämmle, August: »Schwäbisches und Allzuschwäbisches«. Alemannen-Verlag, Tübingen 1936; — »Was mir lieb ist«. J. F. Steinkopf Verlag GmbH, Stuttgart 1958; — »Das Herz der Heimat«. J. F. Steinkopf Verlag GmbH, Stuttgart 1957; — »Friedrich Silcher«. Stieglitz Verlag E. Händle, Mühlacker 1956.

Lahnstein, Peter: »Schwäbische Silhouetten«. Verlag W. Kohlhammer GmbH, Stuttgart 1962.

Larson, Bob: »Your Swabian Neighbors«. Schwaben International Verlag, Stuttgart 1981.

Lerch, Karl: »Das Tübingen Brevier«. Verlag der Tübinger Chronik, 1960; — »Schwaben Eure Spätzle«. Verlag Wolfgang Weidlich, Frankfurt/Main 1978.

Leucht, Alfred: »Tübinger Impressionen«. Verlag Tübinger Chronik, 1969.

Maier, Reinhold: »Die Wildschweinplage« aus »Schwäbischer Heimatkalender 1967«. Verlag W. Kohlhammer GmbH, Stuttgart.

Mörike, Eduard: »Am frisch geschnittnen Wanderstab«, mit Zeichnungen von Paul Jauch. Silberburg Verlag Werner Jäckh, Stuttgart 1956.

Müller, Ernst: »Stiftsköpfe«. Eugen Salzer Verlag, Heilbronn 1938.

Müller, Gebhard: »Die schwäbische Seele« aus »Staatsanzeiger Baden-Württemberg« Nr. 32/1980.

Rahn, Fritz: »Der schwäbische Mensch und seine Mundart«. Hans E. Günther Verlag, Stuttgart 1962.

Rath, Hanns Wolfgang: »Briefwechsel zwischen Theodor Storm und Eduard Mörike«. Verlag Julius Hoffmann, Stuttgart 1922 (?).

Reitz, August: »Die Rüsselwäsch« aus »Das Herz der Heimat«, herausgegeben von August Lämmle und Hans Reyhing. Verlag Silberburg, Stuttgart 1925.

Reyhing, Hans: »Das Herz der Heimat« (zusammen mit August Lämmle). »Albheimat«. Verlag Silberburg, Stuttgart 1925.

Rommel, Manfred: »Abschied vom Schlaraffenland«. Deutsche Verlags-Anstalt GmbH (DVA), Stuttgart 1981.

Sailer, Sebastian: »Schwäbische Schöpfungsgeschichte«. Hans E. Günther Verlag, Stuttgart o. J.; — »Schriften im schwäbischen Dialekte«. Verlag Karl Knödler, Reutlingen 1976.

Sandtner, Hilda: »Schwäbische Sprüch«. Rosenheimer Verlagshaus Alfred Förg, Rosenheim 1981.

Schneider, Eugen: »Bilderatlas zur Württembergischen Geschichte«, unveränderter Nachdruck von 1913. Verlag Wolfgang Weidlich, Frankfurt/Main 1981.

Schramm, Heinz-Eugen: Schwaben wie es lacht« 1970. »Schwäbische Musenküsse« 1972. »Schwäbisch für Reingeschmeckte« 1977. Verlag Wolfgang Weidlich, Frankfurt/Main; — »Magscht mi?« 1973. »Maultasche« 1976. »Wia mr's nemmt« 1976. »Kaum zu glauben« 1980. »Tübinger Gogenwitze« 1982. Verlag Karl Knödler, Reutlingen.

Schwäbischer Heimatkalender: Jahrgänge 1953—1982. Verlag W. Kohlhammer GmbH, Stuttgart.

Schwarz, Georg: »Tage und Stunden aus dem Leben des... Johann Friedrich Flattich«. Rainer Wunderlich Verlag Hermann Leins GmbH & Co., Tübingen 1940; — »Pfeffer von Stetten«. Stieglitz Verlag E. Händle, Mühlacker o. J.

Schwarzwälder Hausschatz: Jhg. 1953 und 1954. Verlag des Schwarzwälder Boten, Oberndorf a. N.

Setz, Karl: »Dodeldum — Komische Geschichten um einen schwäbischen Oberamtsrichter«. Erich Hoffmann Verlag, Heidenheim 1956.

Späth, Christian: »Gedichte« (des weiland Ochsenmetzgers zu Tübingen). Rainer Wunderlich Verlag, Tübingen 1935.

Überzwerch, Wendelin (Karl Fuß): »Mr ka nia wisse«. Verlag Karl Knödler, Reutlingen.

Wäckerle, Hyazinth (Joseph Fischer): »Hei, grüaß di Gott, Ländle«. Anton H. Konrad Verlag, Weißenhorn 1975.

Wandel, Ursula: »No net hudla« aus »Schwäbischer Heimatkalender«. Verlag W. Kohlhammer GmbH, Stuttgart.

Weit, Rudolf: »Sodele — sell wär's!«. Verlag Karl Knödler, Reutlingen.

Weitnauer, Alfred: »Auch Schwaben sind Menschen«. Verlag für Heimatpflege, Kempten/Allgäu 1959.

Bildnachweis

Seite 9: aus »Die Sieben Schwaben« (Verlag Weidlich, Frankfurt/Main 1977) — Seite 11: aus »Schwaben wie es lacht« (Verlag Weidlich, Frankfurt/Main 1970) — Seiten 13, 61, 115, 129, 149: Gebr. Metz, Tübingen — Seiten 20, 26, 78, 81: aus »Bilderatlas zur Württembergischen Geschichte« (Verlag Weidlich, Frankfurt/Main 1981) — Seite 25: Schwäbischer Kunstverlag Boettcher, Stuttgart — Seite 27: aus »Manessische Liederhandschrift« — Seite 39: ADAC Stuttgart — Seite 41: Reinhard Schmid, Tübingen — Seite 46: aus »Wenn der Häberle mit dem Pfleiderer« (Bonz Verlag, Stuttgart 1961, Rechte bei Verlag Karl Knödler, Reutlingen) — Seite 49: Verlag Karl Knödler, Reutlingen — Seite 57: aus »Stuttgart in alten Ansichtskarten« (Flechsig Verlag, Frankfurt/Main 1976) — Seite 71: aus »Schwäbischer Heimatkalender« (Kohlhammer Verlag, Stuttgart 1955) — Seite 87: aus »Am frisch geschnittenen Wanderstab«, Zeichnungen von Paul Jauch (Silberburg Verlag Werner Jäckh, Stuttgart 1956) — Seite 97: aus »Geschichte der schwäbischen Mundartdichtung« (Kielmann Verlag, Heilbronn 1896) — Seite 98: aus »Schwäbische Schöpfungsgeschichte« (Günther Verlag, Stuttgart) — Seite 100: aus »Michael von Jung« (Verlag für Heimatpflege, Kempten 1963) — Seiten 102, 104, 105: aus »Pfarrer Michael von Jung, Fröhliche Grablieder zur Laute«, Zeichnungen von H. E. Köhler (Herderbücherei, Band 599, Freiburg/Breisgau 1977) — Seite 112: Foto-Holder, Urach — Seite 118: C. F. Autenrieth, Stuttgart — Seite 121: aus »Ferdinand Graf von Zeppelin« (Verlag Friedrich Stadler, Konstanz 1980) — Seite 133: Heinz-Eugen Schramm, Tübingen — Seite 136: Ölgemälde von Chr. Fr. Dörr — Seiten 154, 158: Archiv der Götz von Berlichingen Academie, Tübingen.

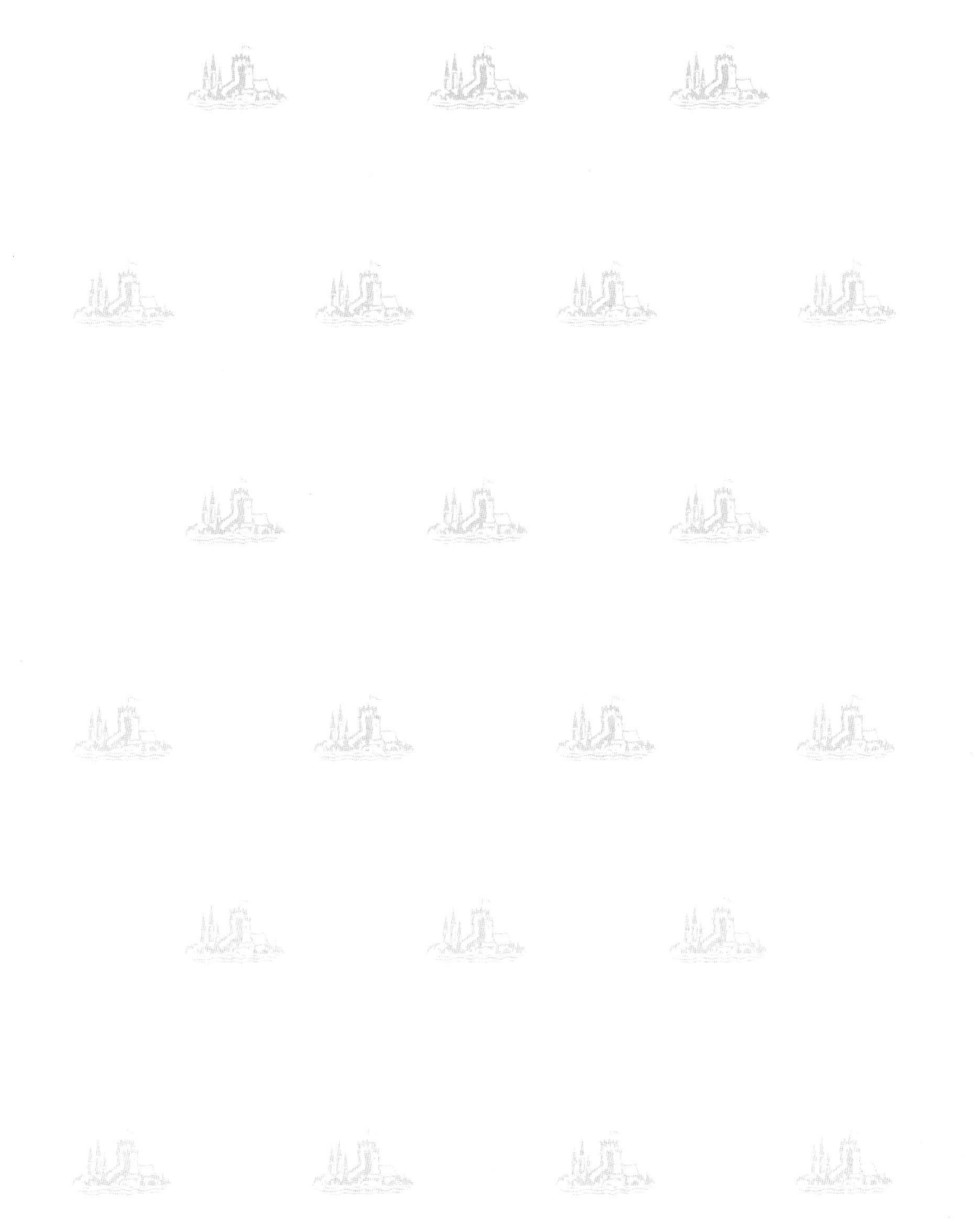

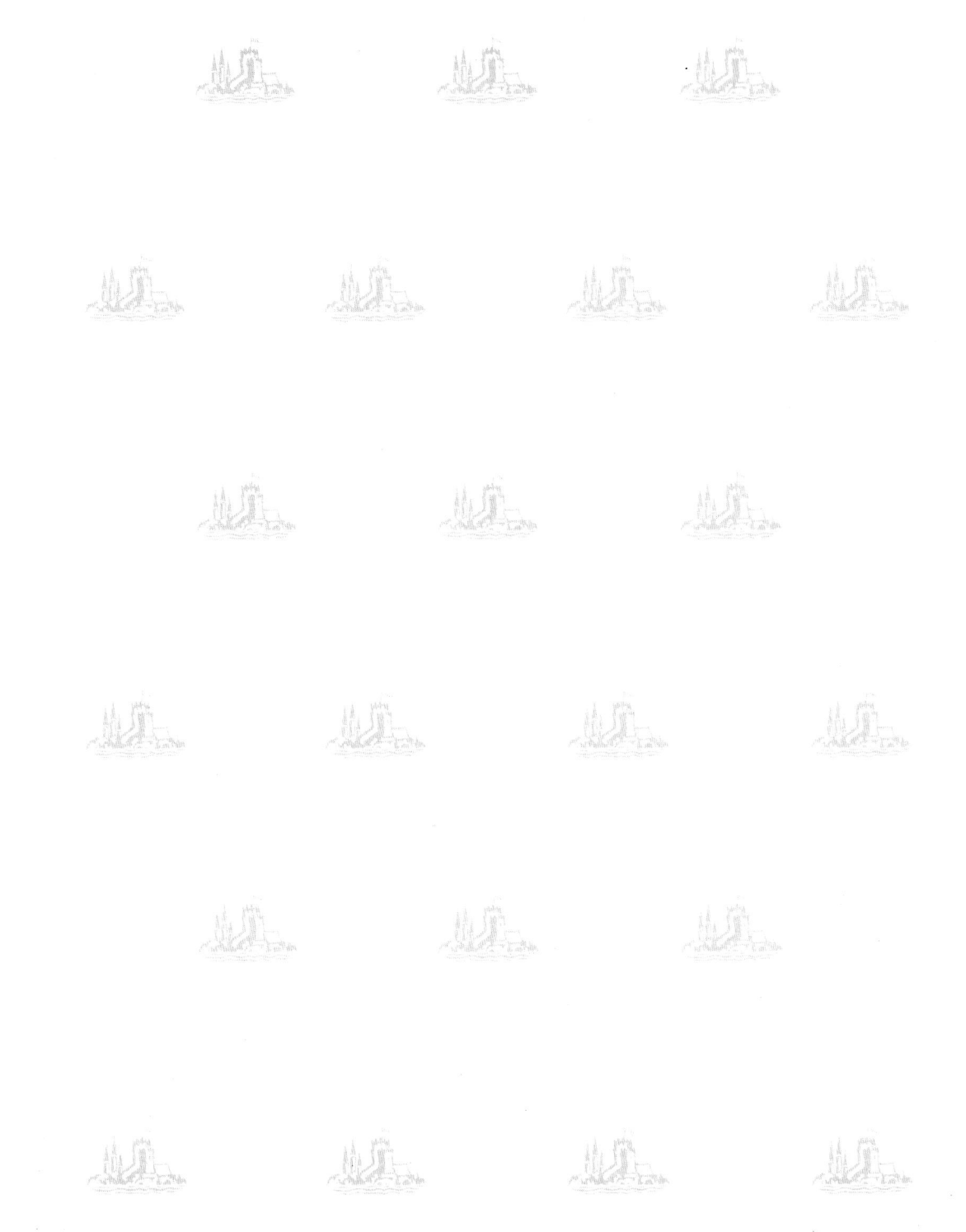